EDITORA AFILIADA

Dados Internacionais de Catalogação na Publicação (CIP)
(Câmara Brasileira do Livro, SP, Brasil)

Neuburger, Robert
 O mito familiar / Robert Neuburger ; [tradução Sonia
Rangel]. — São Paulo : Summus, 1999.

 Título original: Le mythe familial.
 Bibliografia.
 ISBN 85-323-0687-X

 1. Mito 2. Psicoterapia de casal 3. Psicoterapia de família I. Título.

99-2708   CDD-616.89156

Índices para catálogo sistemático:

1. Psicoterapia de casal   616.89156
2. Psicoterapia de família   616.89156

Robert Neuburger

O mito familiar

summus editorial

Do original em língua francesa
LE MYTHE FAMILIAL
Copyright © 1995 by Robert Neuburger
ESF éditeur 17, rue Viète, 75017 Paris

Tradução:
Sonia Rangel

Capa:
Suzana Laub

Revisão Técnica:
Tai Castilho

Editoração eletrônica e fotolitos:
JOIN Editoração Eletrônica

Proibida a reprodução total ou parcial
deste livro, por qualquer meio e sistema,
sem o prévio consentimento da Editora.

Direitos para a língua portuguesa
adquiridos por
SUMMUS EDITORIAL LTDA.
que se reserva a propriedade desta tradução.
Rua Cardoso de Almeida, 1287
05013-001 – São Paulo, SP
Telefone (011) 3872-3322
Caixa Postal 62.505 – CEP 01214-970
http://www.summus.com.br
e-mail: summus@summus.com.br

Impresso no Brasil

Nascemos, por assim dizer,
provisoriamente, em qualquer lugar e,
pouco a pouco, compomos — em nós —
o lugar de nossa origem para aí nascer
— posteriormente — e, cada dia mais,
definitivamente.

Rainer Maria Rilke

FONTES

Os seguintes textos foram retomados e remanejados de artigos já publicados. Agradecemos aos editores por terem autorizado a publicação neste livro.

"Modèles théoriques des térapies familiales". *Les séminaires du Girard* 91-92, col. "scientific Survector".

"La violence dans le couple". *Études psychothérapiques, 9 "Violences"*, Bayard édition, 1994, pp. 149-62.

"Couple normal, couple idéal: le test de liberté". *Thérapie familial*, Genebra, vol. 14, 1993, 1, pp. 53-7.

"Le choix d'une fratrie". *Études psychothérapiques, 5, "Les frères et les soeurs"*, Bayard édition, junho de 1992, pp. 61-71.

"Théorie et mythe d'appartenance en pratique psychiatrique". *Études psychotérapiques*, 2, Centurion, pp. 149-58.

Analyse systémique de l'institution: le parcours du patient: Entre institution et famille". Cl. Martin e R. Neuburger, Croix-Marines, col. "Innovation", setembro de 1993, pp. 32-42.

"Psychiatrie chinoise et métaphore bureaucratique" (K. Schipper e R. Neuburger). *Nouvelle revue d'éthnopsychiatrie*, 13, pp. 29-40, 1989.

"Destin individuel, destin familial". *Pistes*, 2, setembro de 1990, Paris.

Sumário

Agradecimentos 9

Apresentação à edição brasileira 11

Introdução 13

PRIMEIRA PARTE
O Terapeuta Perante a Família

1 Os modelos teóricos das terapias familiares 21

2 A memória familiar 32

3 Mito familiar, mito profissional dos "ajudantes"
   os reparadores de mito 50

4 Os terapeutas e as famílias pluricompostas
   Robert e Michèle Neuburger 61

5 Adoção e mito de verdade 68

6 Notas sobre o pai de família:
   "Você disse um pai lastimável?" 80

SEGUNDA PARTE
O Terapeuta Perante o Casal

1 A violência no casal 91

2 Casais recasados, casais recriados, destino e inscrição 101

3 Quando o corpo é o terceiro no casal 110

4 Casal "normal", casal "ideal": o teste de liberdade 117

TERCEIRA PARTE
As Terapias de Fratria

Introdução 125
1   A escolha de uma fratria 126
2   Psicoses "fraternas" e terapias de fratria 134

QUARTA PARTE
Instituição Cuidadora, Instituição Familiar

1   Teoria e mito de pertencimento na prática psiquiátrica ... 143
2   Análise sistêmica da instituição: o percurso do paciente .. 150
3   Psiquiatria chinesa e metáfora burocrática
    Robert Neuburger e Kristofer Schipper 158

QUINTA PARTE
E o Indivíduo?

1   Destino individual, destino familiar.
    A questão do destino em psicanálise e
    em abordagem familiar sistêmica. 171
2   Suicídio e perda de pertencimento. 177
Conclusão: Da norma ao mito. 189

Bibliografia 191

Agradecimentos

Foram preciosas as trocas construtivas com Mara Selvini, Philippe Caillé, Jacques Miermont, Gianfranco Cecchin. Que eles encontrem aqui a expressão de meu reconhecimento por seus conselhos e pela amizade com que me honram.

Mony Elkaïm, Luigi Onnis, Chantal e Alain Ackermann, Rodolfo de Bernart, Juan Linarès, Jacques Beaujean, entre outros, souberam criar contextos de troca por ocasião de congressos e encontros, permitindo-me pôr à prova de seu auditório estes diversos ensaios, com freqüência sugeridos pelos organizadores.

Agradeço a todos os que me permitiram elaborar as hipóteses contidas neste livro confrontando-as com a clínica e, particularmente, às equipes do UAPF (Paris), do Centro Privado de Terapia da Criança e da Família (Genebra), do grupo do AGP (Genebra), do centro Orient (Lorient), do APRIF (Taiti).

Um obrigado especial aos estudantes do CEFA, que participaram dos seminários nos períodos de 1992-1993 e 1993-1994, assim como aos estudantes da ULB que, por suas questões e comentários, obrigaram-me a uma exposição mais rigorosa das idéias que sustentam esta obra.

Toda a equipe do CEFA — em particular Béatrice Chemama-Steiner, sua presidente, Edmond Guillibert, Nicole Rellier, Gilbert Maurey, Charles Gouz — que me apoiou e incentivou.

Michèle Neuburger e Kristofer Schipper aceitaram a co-autoria, cada qual de um capítulo; agradeço por sua confiança.

Minha gratidão àqueles que me acompanharam nessa aventura de imaginar uma continuação para *L'irrationnel dans le couple et la famille* (O irracional no casal e na família), em particular a Siegi Hirsch, Franco Ferri, Pierre Segond e, sobretudo, a Michèle Neuburger.

Este livro é dedicado a meu avô, Amson Neuburger.

Apresentação à Edição Brasileira

É um prazer apresentar esta obra. Falar de mitos é conduzir o leitor pelos labirintos percorridos na construção da identidade tanto individual quanto grupal: no caso, a família. O mito familiar é um caminho do conhecimento da nossa história e de suas diferentes versões; é para nós como um guia, dirige-nos para o que nos pode ser revelado de nós mesmos. E o que o autor nos propõe é justamente um modelo em que o mito possibilita e constrói a história terapêutica. A partir do sofrimento individual do paciente identificado e de como o grupo familiar se organiza em torno dele, o terapeuta vai revelando com o grupo toda a história de pertencimento de cada indivíduo. Nossa identidade é construída no nosso pertencimento: familiar (nossa família de origem), institucional, profissional e aos diferentes grupos a que pertencemos no decorrer de nossa vida. Se o mito é história, ele também é memória e, portanto, transmissão de padrões e regras de relação, do não-dito, e, em última instância, da cultura de cada família, suas crenças e rituais. O mito é como um tear: tece a trama que dá sustentação ao nosso crescimento. Nós, terapeutas, ao adentrarmos com nossos pacientes as suas histórias míticas, também nos revelamos em todos os nossos pertencimentos. É essa a riqueza deste livro, a trama mítica do processo terapêutico.

Na primeira parte o autor nos fala sobre a história da terapia familiar e sobre o mito familiar em sua interação com os mitos profissionais e institucionais. Fala também das dificuldades míticas que a família reconstituída ou recasada encontra para construir uma história de pertencimento. E desmistifica o mito da adoção, mostrando-nos uma outra realidade nos problemas encontrados por famílias que adotam filhos. Finalmente, mostra-nos as dificuldades da família contemporânea no que diz respeito à função paterna, à sua fragilização. Na segunda parte, entra na relação do casal e nos mitos que dão sustentação às suas dificuldades, relatando-nos histórias terapêuticas muito interessantes. Aborda também os casais recasados e as dificuldades destes se inscreverem com casais autorizados, sobre o corpo como um terceiro do casal e manifestações psicossomáticas e, por fim, o mito do ideal, do casal dito normal, levando-nos à idéia do casal possível. Na terceira parte, leva-nos a pensar no que chama "uma terapia da fratria", na importância de se incluir na terapia um modelo que focaliza a relação entre os irmãos.

Na quarta parte, trata do mito institucional, da instituição que cuida e de como esta interage miticamente com a família, em particular em suas instâncias psiquiátricas.

Finalmente, o autor nos traz o mito do indivíduo no que vai chamar de destino individual e destino do grupo familiar, entendendo-se aqui o destino mítico.

Por tudo isso, é um livro que enriquece a estante que nós, terapeutas, vamos construindo em nossa experiência clínica e vai interagindo e se enriquecendo. Revelando-nos cada vez mais para nós mesmos.

Tai Castilho
Terapeuta de casal e família

Introdução

A família está na ordem do dia. Os discursos e textos, sejam eles políticos, psicológicos, sociológicos... dão espaço à família, convocam as famílias, perguntam-se sobre a ajuda a dar às famílias. Inclusive, 1994 foi declarado o "Ano da família".

No mundo social, psicológico, pedagógico, os educadores especializados, os profissionais de serviço social, os psiquiatras, os psicólogos, os docentes solicitam às famílias, com freqüência cada vez maior, que ajudem o indivíduo com dificuldade escolar, psicológica, social... Esse interesse marcante pela família, pelo menos a tal ponto, é recente e talvez corresponda a uma certa renúncia; durante todo um período pôde-se pensar que uma ajuda social e psicológica poderia bastar para sanar as dificuldades individuais. Inúmeras instituições foram criadas para ajudar e tratar indivíduos. Tudo o que se pedia às famílias era que não se opusessem aos tratamentos individuais. Atualmente, assistimos à redescoberta da família como instituição, que tem uma responsabilidade em caso de disfunção de um membro do grupo, mas tendo, também, possibilidades de ajudá-lo: essa complementaridade sociedade/família, redescoberta quando se constatou os limites dos recursos e das possibilidades oferecidas por instituições externas e substitutivas, levou a pesquisas e questões sobre os recursos das famílias em matéria de ajuda e de possibilidade criativas. Isso explica o atual interesse pelas terapias familiares, pelas terapias de grupo, pela etnopsiquiatria, pela sociologia das famílias...

Mas esse renovado interesse pela família costuma insistir sobre as carências educativas, os erros do comportamento parental, as particularidades da constituição familiar: divórcio, adoção, família reconstituída, origem étnica etc. Fracassos escolares, perturbações do comportamento alimentar (bulimia, anorexia), comportamentos psicóticos ou delinqüenciais são atribuídos ao divórcio dos pais, à ausência do pai, ao trabalho da mãe, aos vínculos por demais estreitos ou insuficientes com os avós, por ser uma família de migrantes ou adotiva, muito aberta ou muito fechada...

Por conta disso, qualquer comportamento fora das normas, de uma criança ou de um adolescente, é interpretado como produto de um mau funcionamento familiar. Entretanto, é fácil verificar que inúmeras famílias estruturadas, do mesmo modo, nem por isso produzem crianças com problemas, e que famílias do tipo "clássico" não estão imunes às dificuldades familiares

De fato, os mesmos grupos familiares que geraram indivíduos com dificuldade mostraram muitas vezes, no passado, sua aptidão para resolver problemas complicados de outro modo e, nessas ocasiões, deram provas de criatividade e de inventividade.

A dificuldade atual, portanto, raramente está ligada a uma carência de meios. Por isso, uma atitude de ajuda de tipo pedagógico, didático, reparadora, costuma parecer deslocada, parece não ajudar muito as famílias, mas, sobretudo, deprime-as e confirma sua crença em sua incapacidade ou em suas falhas!

A persistência das dificuldades parece mais ligada à não utilização das capacidades do grupo para resolver os problemas e inventar soluções. Essa cegueira do grupo a respeito de suas próprias capacidades coloca uma outra questão, ainda mais interessante do que a procura de suas falhas e erros!

Essa questão dá margem a uma outra: o que é uma família? Quais são os recursos dessa instituição e como eles estão ligados à sua estrutura?

As pesquisas atuais sobre a família insistem na complexidade de sua estrutura. Complexidade não significa complicação: a complexidade remete ao fato de que a família dispõe de vários níveis de funcionamento relativamente autônomos e em relação, níveis esses correspondentes às suas diferentes funções.

Uma família é:

- uma unidade funcional que dá conforto e higiene;
- um lugar de comunicação, matriz relacional para o indivíduo;
- um lugar de estabilidade, de perenidade, apesar ou graças às mudanças que o grupo pode operar;
- um lugar de constituição da identidade individual e de transmissão transgeracional: a filiação.

O conjunto é estruturado, unificado por um cimento que dá ao grupo sua identidade, diferencia-o do mundo exterior, cria uma diferença. Esse cimento é o *mito familiar*: é a crença mostrada em características, especificidades do grupo. Essas crenças concernem todos os níveis de realidade da família; o conjunto dessas crenças constitui a "personalidade" de uma família, o mito de uma família. Todos, sem nele crer completamente, aderem a ele com uma certa complacência; embora alguns, ao contrário, tentem denunciar o caráter mítico de certas crenças e de práticas derivadas dessas crenças, às vezes com violência, mas essa mesma paixão costuma ter como efeito um reforço do grupo após uma crise salutar, uma renovação de crenças tão mítica quanto as precedentes.

A estruturação mítica de uma família mostra aqui seu ponto fraco: *para constituir uma família é preciso crer ou mostrar que se compartilha das crenças concernentes aos diferentes níveis de funcionamento: aquilo que chamamos de valores do grupo familiar;* por isso, alternativas também viáveis e úteis, verdadeiras, valorizadas por outros grupos familiares são excluídas. Isso parece não impor muitos problemas, mas chega a certos pontos de impedimento, quando se tornam convicções, ou seja, crenças que não são reconhecidas, mas que são concebidas como verdades. Elas são verdadeiros pontos cegos, pois não são percebidas. Essas convicões suprimem radicalmente qualquer alternativa e podem acarretar comportamentos que geram dificuldades ou incapacidade para resolver problemas.

Assim era para a família cuja convicção mítica era a necessidade de tratar todos os irmãos de forma estritamente igualitária. Como uma das crianças teve de sofrer uma pequena intervenção cirúrgica de apendicite, os pais conseguiram encontrar um cirurgião que aceitou operar todas as crianças e tirar o apêndice ileocecal (apêndice caecal)[1] de todos.

Esses pontos cegos podem tocar setores inteiros da realidade familiar; por exemplo, não se vê ou se percebe que uma família seja um lugar de constituição da identidade e de transmissão; ou, ainda, um outro nível, que descreveremos em detalhe, se desconhece.[2]

Por que certas crenças, mitos de funcionamento de uma família aparecem pelo que são, quer dizer, muito relativas e outras, pelo

---

1. Apêndice "cego" (bom nome, no caso!).
2. Conforme Capítulo 1 "Os modelos teóricos das terapias familiares".

contrário, são vividas como verdades, verdadeiros mitos no sentido estrutural da palavra, pois organizam o pensamento, o funcionamento das famílias sem serem percebidos como tais, ou seja, como crenças? Dois elementos parecem desempenhar um papel determinante: um refere-se ao lugar dado à família como mito social, o outro, ao contrário, constitui a intimidade de uma família: seus rituais.

Se a família dispõe de uma estrutura mítica, com um mito de funcionamento, ela constitui um mito para a sociedade.

O sentimento nacionalista se alimenta de representações em que a família é um constituinte maior. Sem voltar ao "Trabalho — Família — Pátria" da França de Pétain ou ao "Kinder, Küche, Kirche" (crianças, cozinha, igreja) da Alemanha hitlerista, grandes democracias como a dos Estados Unidos não hesitam em apelar para o familiarismo de Estado: "A desintegração da família é a fonte da maioria dos males da sociedade americana... Nosso objetivo (diz um representante do Partido Republicano) é definir G. Bush e os republicanos como os promotores de normas sociais fundamentais em termos de família e de comportamentos sexuais... O programa do partido é assegurar a defesa da família tradicional".[3]

Essa norma tradicional, aqui ingenuamente expressa, portanto fácil de virar escárnio, não deixa de existir sob formas mais sutis, mais insidiosas e mais eficazes, veiculadas pelos representantes sociais: assistentes sociais, educadores, psiquiatras, psicólogos, pedagogos... e, com freqüência, sem que eles tenham consciência disso.

Assim, a recuperação da psicanálise por pedagogos, educadores, psiquiatras criou uma nova norma da "boa família" a partir de uma caricatura do discurso psicanalítico. O Édipo, modo de estruturação individual, tornou-se modelo de uma família nuclear, justificando-se como ideal para assegurar o desenvolvimento de uma criança, apesar de todos os flagrantes desmentidos que são atribuídos, por exemplo, à incapacidade dos pais de assegurar a *Lei do pai,* compreendida como uma regra interior! Confusão entre simbolização primordial e funcionamento imaginário! Daí a abundância, na literatura profissional, de qualificativos: mãe fusional, imatura, pai abandonador etc., sem que se saiba referir a origem ideológica de tais convicções, pontos cegos dos interventores.

---

3. *Le Monde*, 21 de agosto de 1992.

O psicoterapeuta de casal e de família ocupa um lugar particular no processo de co-evolução família-sociedade. Os representantes da ordem social, que são as instituições e os interventores, podem mostrar-se constrangedores em relação à família, mas também os terapeutas. Como respeitar a "personalidade", as particularidades das famílias, suas especificidades, como favorecer seus próprios processos de evolução?

As pesquisas e as formações em terapia familiar poderiam voltar-se cada vez mais para o estudo de modelos alternativos, que impediriam que o movimento da terapia familiar se fechasse em normas, ou seja, nas crenças de uma época.

A etnopsiquiatria, a lingüística, a história estão muito presentes nessas iniciativas.

Mito familiar, mito social de uma norma familiar, mito profissional do terapeuta de família, o que pode advir de tal encontro? Um conflito ideológico? Uma complementaridade construtiva? Um respeito pelas três identidades — familiar, social, profissional — ou uma confusão banalizante?

As diferentes partes dessa obra mostram, com a ajuda de destaques clínicos, o terapeuta perante os mitos: familiares, sociais, profissionais com famílias, casais, mas também com irmãos e instituições. A obra termina com um retorno ao indivíduo, com reflexões sobre o destino e o suicídio...

Portoferraïo, agosto de 1994

PRIMEIRA PARTE

O TERAPEUTA PERANTE A FAMÍLIA

1

Os Modelos Teóricos
das Terapias Familiares

Introdução

Desde 1965, uma nova corrente apareceu no campo psiquiátrico, ao lado de três correntes já existentes (psiquiatria biológica, psiquiatria institucional, psiquiatria psicogenética, a maioria das vezes psicanalítica e suas variantes): a das terapias familiares. São terapias "contextuais", que seguem as experiências inglesas (Laing e Cooper), das quais fazem parte as terapias familiares.

O movimento das terapias familiares mostrou-se muito criativo: desenvolveu-se em poucos anos, tanto em número de pessoas e de países envolvidos quanto em variedade de pesquisas.

Bases teóricas das terapias familiares

É o ponto de vista do terapeuta confrontado com a família que nos interessa aqui, e não o estudo de um objeto, que seria a "família". De fato, é cada vez menos o paciente quem mobiliza a atenção, como objeto da psiquiatria, mas, sobretudo, a forma como os interventores "criam", propriamente falando, seu doente, por sua própria maneira de conceber a doença.

Freud mostrou, há muito tempo, a importância dos afetos que o observador faz surgir na "realidade" do paciente: "Vê-se o mundo pelo buraco de seu dente". Os fatores que influem sobre a construção de seu objeto pelo terapeuta sao diversos:

- o contexto institucional;
- a lealdade aos empregadores, aos colegas;
- a ideologia que cada um pode desenvolver (ideal familiar, família ideal).

Nossa abordagem do ponto de vista do observador será aqui construtivista, ou seja, refere-se à teoria desenvolvida, a partir de 1940, por Heinz Von Foerster, que participou da invenção e do desenvolvimento da cibernética.

Von Foerster constata que nós não temos acesso à realidade do mundo, nós somos objeto de sensações que nos atingem unicamente de modo quantitativo. O "qualitativo" é fabricado em nosso interior por um processo de computação recorrente ilimitado, e faz aparecer uma realidade — e ele insiste muito no fato de que se trata, então, de uma realidade entre outras possíveis.

MODELIZAÇÃO DAS TERAPIAS FAMILIARES

O que faz aparecer uma realidade é a "linguagem" com a qual se a descreve. Em vez de linguagem, poder-se-ia dizer a "lógica" ou o "modelo" de descrição.

Podemos, pois, distinguir, conforme o modelo de pensar que o terapeuta utiliza para criar uma realidade:

- *terapias familiares predizíveis*, cujo efeito é predeterminado, incluído no projeto terapêutico;
- *terapias familiares não predizíves*, no decorrer das quais o terapeuta busca uma mudança, que permita ao sistema produzir uma solução, mas a natureza dessa solução ainda não está contida no projeto terapêutico.

Os Dois Modelos Predizíveis

1. O *modelo causal linear,* em que o terapeuta cria seu objeto "família" de tal forma que ele seja verdadeiramente um objeto. Ser "objetivo" é observar e parcelar. Esse modelo é chamado de linear porque, do problema (por exemplo: alguém está deprimido), pode-se inferir a causa e tentar isolá-la. Suprimindo a causa, suprime-se o efeito A → B.

Exemplos:

- Essa mulher está deprimida porque seu marido se comporta dessa ou daquela maneira. É preciso cuidar do marido para curá-la.

– Esse menino vai mal porque seus pais se comportam de modo anormal ou inábil. Conviria mudar suas atitudes educativas...

Esse modelo desconhece o tempo. O paciente está doente, é um estado, mas esse estado será reversível desde que se trate a causa, como se o tempo não existisse. O ideal terapêutico é identificar a causa de um estado, para suprimi-la.

As terapias familiares tentaram desvincular-se desse modelo linear.

2. O *modelo causal circular*, fruto da descoberta da cibernética (1940) é um modelo recorrente, que permite o domínio do futuro, por antecipação.

Esse modelo foi uma primeira revolução epistemológica.

FIGURA 1

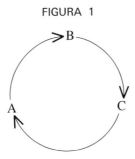

Definição de base:
Cada elemento é, ao mesmo tempo, causa e efeito. Não há causalidade ligada aos elementos. A causalidade está no próprio círculo. Elemento algum contém informação sobre a totalidade da interação.

A teoria da informação foi criada a partir desse modelo.

O terapeuta vai criar uma realidade decorrente dessa visão: ele não mais verá pessoas, mas suas interações e suas comunicações redundantes. Percebe-se, então, que cada qual faz o melhor, mas anula o que o precedente faz. O conjunto torna-se redundante, com um resultado crônico.

Exemplo 1: Um doente é hospitalizado. Melhora. Ele volta para casa. Já não passa tão bem. É hospitalizado.

Nesse exemplo, pode-se ver como uma instituição pode fazer parte do problema e contribuir involuntariamente para o processo de cronicização.

Exemplo 2: Um adolescente vai mal. Sua mãe está inquieta e se ocupa muito com ele. O pai não se sente mais reconhecido e se afasta. O casal vai mal. O adolescente fica inquieto. O adolescente vai mal. *Da capo.*

Exemplo 3: "Nosso casamento vai mal, devemos mudar" — "Sim, nosso casamento vai mal, e é você quem deve mudar".

Tentou-se romper circuitos repetitivos: parentectomia, isolamento do meio, técnicas de ação sobre as comunicações para bloquear as redundâncias (por exemplo, Virginia Satir, no Canadá).

Os Modelos Não-Predizíveis de Terapia Familiar

O modelo sistêmico I: crise e mudança

É a segunda revolução epistemológica. O modelo foi proposto por Ludwig Von Bertalanffy, cuja idéia principal é a de que a evolução de um sistema, de um conjunto de elementos não pode ocorrer de modo linear. Ela procede de crises cujo advento é predizível (basta que um elemento mude para acarretar a crise do sistema inteiro), mas *impredizível* quanto a seu efeito.

Por analogia, pode-se considerar uma família como um sistema. É uma metáfora. Nesse modelo, o terapeuta vê o grupo como um conjunto de elementos evoluindo no tempo. A patologia é interpretada como uma tentativa de o grupo bloquear o tempo.

Um grupo familiar "normal" evolui no tempo por meio de crises, e essas crises são fisiológicas. Elas podem ser endógenas (uma criança entra na adolescência) ou exógenas (os avós morrem, o pai perde o emprego, a família tem de emigrar etc.).

Mara Selvini Palazzoli e seus colegas deram início a um trabalho com esse modelo em Milão. Sua técnica de intervenção consiste em provocar a crise, que parece temida pelo sistema familiar: se a crise ocorre, a família não terá mais necessidade do paciente identificado.

De fato, observa-se que a "patologia" tinha-se desenvolvido muito tempo antes do chamado da família: ela é "descoberta" e torna-se o objeto de um pedido, por ocasião do risco de crise familiar.

Trata-se de um modelo não predizível. A prescrição contraparadoxal selviniana tem como efeito provocar a crise no sistema, a fim de que ele encontre soluções, que serão suas próprias soluções.

A estrutura do contraparadoxo repousa no postulado da solidariedade do grupo, que não pode aceitar o sacrifício de um único de seus membros.

Exemplo:

Uma família apresenta uma jovem anoréxica. Selvini observa que a família, inicialmente, morava com a avó materna e, depois, com os avós paternos. Ela observa que o único momento em que a mãe chora é aquele em que esse tema é evocado. Ela não chora quando se evoca o fato de sua filha pesar 33 quilos!

Selvini observa que as perturbações dessa jovem começaram depois de seu noivo ter tirado as calças, à noite, em um bar, o que o levou à prisão. Na ocasião, toda a família fizera pressão para que a jovem não visse mais o noivo.

Claramente, a jovem está em situação de oposição e de vingança. Selvini diz o seguinte: "É desejável que ela não coma, porque senão teria novamente seios e nádegas. Tendo seios e nádegas, ela teria vontade de rever seu noivo e sua avó morreria de tristeza".

O efeito dessas prescrições está próximo das primeiras interpretações de Freud, ou seja, de uma ação fulgurante, mas breve!

É a primeira abordagem não predizível em terapia familiar. Depois, o modelo selviniano foi retomado de maneira diferente.

O modelo sistêmico II

Deriva de uma nova teorização, decorrente de uma nova lógica, a da auto-organização.

Dois biólogos chilenos, Varela e Maturana, conceberam esse modelo (cf. o Colóquio de Cerisy sobre a auto-organização, em 1980, Ed. du Seuil).

Ele permite fazer aparecerem realidades da família, que podem ter efeitos terapêuticos interessantes.

Varela e Maturana propuseram uma teoria da vida que denominaram autopoiese. De acordo com essa teoria, a vida de uma célula não está nem nos elementos que a constituem nem na interação entre esses elementos. Ela jaz na interação entre mundos de elementos de tipos lógicos diferentes. Essa interação provoca o aparecimento de elementos homólogos em outros mundos de elementos, o que tem por efeito diferenciar um fora e um dentro e obter, assim, uma "identidade" para a célula, ou seja, sua possibilidade de se diferenciar do mundo exterior.

A vida é a capacidade de manter uma diferença. É a própria heterogeneidade do sistema que lhe dá sua identidade. Nessa visão, pode-se dizer que a vida é a capacidade de preservar a vida, isto é, uma diferença.

Aplicação à terapia familiar

Pode-se ver um grupo vivendo como que dotado de capacidades auto-organizadoras e autocurativas, preservando assim sua identidade e a de seus membros. Quais são os mundos de elementos que estão aqui em interação? Os elementos não são as próprias pessoas. Há dois deles:

- o mundo dos mitos;
- o mundo dos rituais.

Nessa visão, a família é a "idéia da família". Os membros da família desenvolveram a idéia de que são uma família a partir de elementos míticos: por exemplo, em relação às qualidades ou às falhas do grupo, que lhe seriam específicas; as relações que esse grupo deve manter com o mundo exterior etc.

Deduz-se, dessas interações, uma identidade do grupo em relação ao mundo: identidade do casal, institucional, nacional, familiar...

Os rituais foram estudados por Lévy-Strauss. Eles são complementares ao mito. São todas as condutas repetitivas que têm por função reforçar o pólo mítico do grupo, fazendo-o transparecer.

O que se tornaria a Igreja se, em lugar da missa, tivessem sido instituídos grupos de discussão sobre o dogma? Com esse questionamento do mito, a instituição não teria resistido por muito tempo! O ritual da missa, durante o qual todos realizam o mesmo cerimonial, permite a cada um dos participantes pensar que todos os outros pensam ou acreditam na mesma coisa: assim se cria um sentimento de pertencimento, que reforça o pólo mítico imaginário. E isso seria assim para qualquer grupo humano: família, casal, indivíduo... que só existiria por meio dessa "dança" entre pólo mítico e pólo ritual.

A teoria da auto-organização põe em relação e em confronto o elemento e o grupo.

Segundo Edgar Morin, a autonomia é feita de um tecido de dependências. Assim, a identidade se constitui do cruzamento de vários pertencimentos.

Nenhum ser é autônomo nessa visão: há somente "momentos" de autonomia, que são, de fato, crises decorrentes da necessidade de uma escolha entre diferentes pertencimentos.

Exemplo: Você se casa. Antes, todos os fins de semana, você ia à casa de seus pais, e, agora, percebe que isso não convém ao seu marido: há crise, porque é preciso escolher entre diferentes pertencimentos.

É essa necessidade de escolher que suscitou uma crise.

Interessando-nos pelo pólo mítico e ritual, tentamos ver como o grupo familiar gerencia o sentimento de pertencimento. A patologia será então interpretada como uma tentativa do grupo para preservar sua identidade.

Cada um dos modelos que apresentamos produz uma interpretação, que "cria" uma patologia diferente:

- Na leitura linear, podemos dizer: "Ele está doente por causa do comportamento de um ou do outro".
- Na leitura circular: "Ele está doente porque eles têm problemas de comunicações redundantes: eles se falam, mas não se entendem".
- Na leitura sistêmica I: "Ele está doente porque o sistema está bloqueado em uma fase de sua evolução: eles se comportam como uma família com um pré-adolescente", por exemplo.
- Na leitura sistêmica II: a definição da patologia é nova. Sua emergência é uma solução para o grupo; ela tem por efeito aumentar a "densidade" da família, que o exterior compreende cada vez menos porque seu modo de funcionamento se torna muito complexo. A partir dessa leitura, propusemos técnicas de intervenção baseadas em prescrições de rituais, em reforços narcísicos do grupo...

Modelos não Predizíveis, Construtivistas I e II

Modelo construtivista I

Este se interessa, não pelo objeto, mas unicamente pelo observador e por sua cegueira.

Se há uma patologia e o terapeuta não pode ajudar uma família, é porque ele é cego (no sentido de Von Foerster: ele é cego porque não vê que é cego). Ele crê naquilo que vê, tem uma visão única da realidade e a patologia resulta dessa visão única.

O modelo terapêutico construtivista consiste em voltar a dar criatividade ao terapeuta, com leituras alternativas da situação. Essas leituras introduzem a noção de escolha para o terapeuta.

Modelo construtivista II

A patologia, nessa segunda visão, seria para um sistema familiar, o fato de estar alienado em uma leitura única do mundo. Não se dispõe de escolha de leituras nem da capacidade de utilizar leituras diferentes do mundo que, no entanto, são indispensáveis.

Assim, cada um dos modelos que acabamos de descrever comporta uma formulação de *normalidade:*

- no modelo linear, é quando "não há problemas".
- no modelo circular, é quando a comunicação é "boa".
- no modelo sistêmico I, é poder mudar quando preciso.
- no modelo sistêmico II, é saber proteger sua identidade de grupo e ao mesmo tempo sua identidade individual.
- nos modelos construtivistas, é saber utilizar as diversas leituras precedentes de forma adequada.

Ao utilizar uma única dessas leituras, faz-se aparecer uma única imagem do mundo, e é isso o que acontece com as famílias que nos procuram. Percebemos que elas não utilizam outras leituras possíveis. Se fazemos valer uma leitura alternativa, fazemos surgir uma nova família: é o objetivo do trabalho com o modelo construtivista.

Muitas famílias são "lineares". A busca de uma causa é o único modo lícito de trocas.

Em geral, os casais são alienados em modelos de comunicação e só utilizam a linguagem da comunicação sobre a comunicação. Enquanto discutem sobre a comunicação, não há ninguém para ir buscar o filho na escola! Perderam a oportunidade de utilizar o modelo linear que, no entanto, continua indispensável para assegurar a gestão correta da vida.

Há, também, famílias alienadas no modelo sistêmico: elas só falam de mudança ou não-mudança.

FIGURA 2

	MODELOS	LEITURA DA PATOLOGIA	OBJETO DO TRATAMENTO	FINALIDADE
		Ética de Mudança		
Modelos Predizíveis	Modelo Causal Linear A → B	"por causa de..."	Agir sobre a causa	Desapareci-mento do sintoma por desapareci-mento da causa
	Modelo Causal Circular 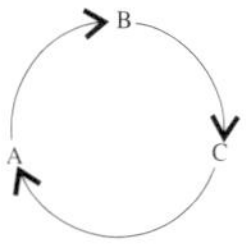	Comunicações más, redundâncias	Agir sobre a comunicação	Comunicações melhores
Modelos Não-Predizíveis	Modelo Sistêmico I: crise e mudança	Bloqueio do tempo por falta de crise. Recusa a integrar uma mudança	Provocar a crise	Crise: integração dos ele-mentos que impeliram à mudança
	Modelo Sistêmico II: Identidade e pertenci-mento	Problemas de identidade e de pertenci-mento ao grupo	"Renarcização" do grupo	Crise criativa, novas rela-ções entre identidade individual e pertencimento ao grupo
		Ética da Escolha		
Modelos Construtivistas	Constru-tivismo I	Cegueira do observador por um modolo único de leitura	Permite ao terapeuta escolher sua "forramonta"	Adequação de um modelo torapêutico a uma situação específica
	Constru-tivismo II	Cegueira da família por um modelo único de leitura	Esclarecer as escolhas das famílias propondo leituras de sua realidade "esquecidas" ou desconhecidas, ou proibidas	Restituição das possibi-lidades de escolha

Quanto às famílias com um problema de identidade, sua única linguagem é a da identidade ou da não-identidade.

Modelo algum é alienante em si: passa a ser assim se é transformado em modelo exclusivo.

Há uma nova visão da terapia: devolver à família a capacidade de escolha de leituras do mundo. Não procuramos mais mudar as pessoas, procuramos voltar a dar-lhes ferramentas de escolha.

Nossa abordagem será diferente em função do modelo ao qual a família nos parece alienada: assim, diante de uma família linear, utilizaremos ferramentas auto-organizacionais ou sistêmicas; com um casal em pleno drama relacional, poderemos, ao contrário, propor questões lineares. Nós os "ensinamos" a reutilizar uma linguagem que eles não utilizavam mais.

Conclusão

Esta é uma hipótese de classificação. Cada uma dessas leituras criou não somente seu objeto, sua idéia de normalidade, sua idéia da patologia, mas também suas ferramentas terapêuticas.

Três desenhos podem resumir as diferentes posições do terapeuta:

- o terapeuta causalista, com sua chave-inglesa: ele sabe qual o "cano" que deve girar para obter um efeito;
- o terapeuta "crise e mudança": cupido envia uma flecha que ele não sabe, antecipadamente, onde vai chegar, mas espera que tenha um efeito;
- o terapeura construtivista: com seus múltiplos olhos lança olhares diferentes.

FIGURA 3

Terapeuta causalista

Terapeuta "crise e mudança"

Terapeuta construtivista

Referências Bibliográficas

DUMOUCHEL, P.; DUPUY, J.-P. *L'auto-organisation, de la physique au politique (Colloque de Cerisy 1981)*. Paris, Seuil, 1983.

LEMOIGNE, J.-L. *La théorie du système géneral: théorie de la modélisation.* Paris, PUF, 1977.

_____. *La modélisation des systèmes complexes.* Paris, Dunod, 1990.

NEUBURGER, R. "Éthique de changement, éthique du choix: une introduction à la thérapie familiale constructiviste", em *Système éthique et perspectives en thérapie familiale*, sob a direção de Y. Rey e B. Prieur, ESF éditeur, 1991.

PIAGET, J. *Le structuralisme.* Paris, PUF, col. "Que sais-je?", 1311, 1968.

SEGAL, L. *Le rêve de la réalité.* Paris, Seuil, col. "La couleur des idées", 1990.

VARELA, F. *Autonomie et connaissance.* Paris, Seuil, 1989.

_____. *Connaître les sciences cognitives, tendances et perspectives.* Paris, Seuil, 1989.

FOERSTER, H., von. "On constructing a reality", em *Observing systems*, Intersystems Publication, 1981.

2

A Memória Familiar

A transmissão é a capacidade dada a uma pessoa de dispor de certo número de certezas ou, ao menos, de informações sobre o que é uma família, a sua família, de tal modo que ela possa articular seu próprio projeto fundador, seja em continuidade seja em ruptura com a geração precedente: a transmissão é a transmissão da capacidade de transmitir.

A ferramenta da transmissão é a memória; no caso, a memória familiar.

Definições

Definiremos a memória e depois tentaremos adiantar algumas hipóteses sobre aquilo que convencionaremos chamar de memória familiar.

A memória

A palavra memória apresenta alguns problemas. De fato, parece ter-se instalado uma confusão, por causa da utilização da palavra no mundo da informática, entre *memória depósito,* estoque potencial de informações, e memória humana, *memória processo,* que é comparável àquela, por sua capacidade de acumular informações eventualmente acessíveis pelo trabalho de rememoração, mas que dispõe — e isso lhe é específico — da capacidade de fazer uma triagem na massa de informações que deve tratar e, particularmente, de eliminar aquilo que julga trivial, sem interesse ou perigoso para a pessoa.

Esse processo fisiológico necessário, que permite viver sem ser invadido por informações inúteis ou perigosas, pode falhar.

Daremos dois exemplos. Um deles concerne, é claro, ao recalque freudiano; nesse caso, a pessoa se impõe eliminar informações que, apesar de penosas, seriam necessárias para evitar repetições desgastantes.

Um outro exemplo são as perturbações de memória da pessoa idosa: no sentido processual da palavra memória, parece que não se pode falar de *déficit*. As pessoas idosas dão mostras, sobretudo, de uma hipermnesia, mas ela só se refere a uma série de sensações, a saber, *as sensações internas chamadas lembranças*; seu problema é mais de seleção do que de um *déficit stricto sensu*. É uma patologia da seleção daquilo que convém esquecer para viver de forma adequada. Nesse caso, *a memória é uma gestão adequada do esquecimento*.

A memória familiar

Para definir a memória familiar utilizaremos o mesmo plano, distinguindo a *memória familiar depósito* e a *memória familiar processo*.

A memória familiar depósito representa todas as fontes *potenciais* de informações concernentes à família. Ela tem conteúdo, materiais, informações a respeito da família da pessoa, informações latentes, que residem em fontes potenciais, que são:

- o relato dos velhos;
- os símbolos familiares;
- os livros de lembranças;
- fotos, filmes, vídeos;
- objetos, túmulos, correspondências, registros e outros documentos genealógicos;
- além desses as regras de funcionamento da família reduzida e ampliada, assim como os ascendentes, que incluem não só regras de funcionamento internas e aquelas que regem a forma como uma pessoa pertencente à família deve se comportar no mundo exterior.

Mas a memória familiar é também, sobretudo, *o processo pelo qual se é autorizado ou não a dispor das informações, e a elas ter acesso*.

Portanto, é essencialmente um processo de seleção daquilo que será julgado bom, a ser transmitido pelos ascendentes, para assegurar, segundo eles, a transmissão, uma linhagem preferencialmente de acordo com sua expectativa. Vale dizer que a memória familiar é, com certeza, a transmissão de um conteúdo, de informações, mas, igualmente, senão mais, uma gestão adequada do esquecimento, daquilo que convém esquecer para assegurar a continuidade familiar, apesar do choque e da ruptura de gerações, da descontinuidade fisiológica.

Esse processo de transmissão-seleção é a memória familiar, ou seja, aquilo que permite, segundo Nathalie Zemon Davis, "ligar os mortos aos vivos de um mesmo grupo".

Denominamos esse projeto de "mito familiar".

Para resumir: *a memória familiar é, essencialmente, um processo de seleção daquilo que convém esquecer para sustentar, manter, transmitir o mito de um grupo familiar.*

TRANSMISSÃO E MITO FAMILIAR

Assim, inscreve-se aí, em parte, o desejo de transmitir. Tal desejo pode consistir na transmissão do próprio mito, quando aquilo que sustenta o projeto familiar recebe investimento positivo por parte dos ascendentes; ou, ao contrário, são utilizados todos os esforços para esquecer ou apagar o mito, de modo a transmitir um conteúdo mais adequado, não só à realidade familiar, mas ao projeto que se busca transmitir. É um processo de auto-reparação que opera por meio da transmissão à geração seguinte.

As famílias reparam o quê?

Essencialmente o mito que a sustenta, mito entendido como elemento organizador, totem, significante familiar. É um conjunto de crenças acerca das supostas qualidades do grupo, uma espécie de saga, desenvolvida conforme os aspectos do grupo nos quais seus membros investem ou deixam de investir. A partir dessas crenças estabelecemos regras de comportamento concernentes aos membros do grupo, o tipo de relações que devem estabelecer entre si, e igualmente o tipo de relação que se espera que cada um estabeleça com o mundo exterior.

O que ameaça o mito familiar?

Uma família não está isolada, ela está em contato com o mundo exterior por intermédio de seus membros; a sociedade se interessará por ela com expectativas específicas, no âmbito educativo em particular.

Esses contatos e outras trocas podem ser enriquecedores, permitindo evoluir, "complexificar" o pólo mítico da família; mas, às vezes, esses contatos serão vividos como perigos reais ou potenciais para a família, para sua identidade, até para sua própria existência como grupo diferenciado.

O que ameaça a identidade de um grupo, sua existência, é constituído por elementos de duas ordens: podem ser *elementos que singularizam demasiadamente a família*, que trazem o risco de isolá-la do contexto social, chamar a atenção sobre ela faz parte dos interventores sociais, por exemplo, ou podem ser *elementos que arriscam prejudicar a família por serem muito banais*.

1 — *Os elementos que singularizam demais*: entre eles estão, novamente, duas classes de eventos:

— Podem ser *comportamentos singulares* de certos elementos do grupo, como certos desvios comportamentais (considerados pela família) tais como: homossexualidade, adultério, incesto, toxicomania, alcoolismo, autodestruição, suicídio ou qualquer outro comportamento que, para um grupo preciso, será fonte de vergonha perante a sociedade. Divórcios, conversões religiosas, casamentos mistos, às vezes, uma simples adoção ou um casamento que introduz crianças provenientes de outro lar.

— A singularidade do grupo pode não se ater a comportamentos de seus membros, mas a uma *particularidade isolante*, ligada a um contexto social ou político. Assim, uma família imigrante pode se constituir num ataque à identidade de um grupo que, por exemplo, se beneficiava de respeito social em seu país de origem. Pior ainda, certos grupos familiares serão perseguidos, não em razão de suas falhas ou da má conduta de seus membros, mas por uma particularidade religiosa ou por pertencer a uma minoria étnica. Como no caso das famílias judias, curdas, armênias, bósnias (a lista é longa...). Esses ataques podem ter como efeito soldar os membros do grupo em uma forma de solidariedade, mas o fato de as qualidade do grupo como tal terem sido ignoradas, escarnecidas, às vezes acarretará uma derrocada, pelo menos uma perda de crença naquilo que constituía seus valores, suas diferenças positivamente investidas. Menos espetacular, mas no entanto doloroso para uma família, é o fato de se sentir definida não em razão de suas próprias qualidades, mas o de ser reduzida, na análise de seu funcionamento, a uma única de suas particularidades: ser definida como uma família adotiva, pluricomposta ou monoparental...

2 — *Os elementos banalizantes*. Uma outra ameaça ao mito familiar, aparentemente menos drástica e, no entanto, particularmente difícil de viver é o perigo de ver o grupo se banalizar, se "des-diferenciar". É uma preocupação inversa da precedente: *preservar sua diferença*.

O mito familiar é, pois, ameaçado em duas frentes: seja por uma marginalização do grupo, isolado por suas particularidades, que o colocam em perigo, seja pelo risco inverso, o de "perder sua alma", suas especificidades, se perder na massa confusa da sociedade.

O perigo pode vir de fora, da sociedade, que se intromete com exigências "normais", mas que, para um grupo específico, podem ser vividas como insuportáveis: como a escolaridade obrigatória, ou a prática de esporte na escola ou os regimes mistos. Ou, ainda, certos comportamentos dos membros do grupo serão rejeitados por não serem "dignos" do grupo familiar, traduzindo uma adaptação, um conformismo social: esse é o caso de certos comportamentos pertinentes à vestimenta, à linguagem, às escolhas de objeto amoroso, de carreira.

Os mecanismos de reparação

O mecanismo essencial, o mais eficaz, parece ser o esquecimento, no sentido profundo do termo, pois não se trata somente de esquecer, mas, igualmente, esquecer que houve um esquecimento.

Esquecer o quê? Tudo o que faz sombra ao mito familiar. A memória familiar é, antes de mais nada, uma gestão mais ou menos adequada do esquecimento, a fim de transmitir e sustentar um mito de acordo com as aspirações, o *status* que uma família se atribui. *A transmissão é, antes de mais nada, a transmissão do esquecimento, daquilo que não se deve lembrar para sustentar, manter o mito de uma família...*

O esquecimento toca, essencialmente, duas classes de elementos e em proporções variáveis: o que singulariza por demais uma família e aquilo que a banaliza exageradamente!

Esses mecanismos de reparação não visam apenas tranqüilizar o grupo a respeito dele mesmo (exemplo: "disso não se fala") mas, sobretudo, transmitir à geração seguinte uma versão do mito de acordo com as aspirações familiares; igualmente, de acordo com o produto da experiência de vida de um grupo inserido num contexto social.

Nesse sentido, toda transmissão é mítica, ela é a transmissão de uma saga com forte conotação metafórica. Em forma de um relato concernente ao passado, é, de fato, do futuro do grupo que se trata (exemplo: "Em nossa família nunca houve um alcoolista!").

A finalidade da transmissão é levar uma pessoa à capacidade de transmitir, ou seja, à capacidade de prolongar o relato, enriquecê-lo, transmiti-lo.

Essa transmissão tem uma dupla mensagem, pois trata-se, ao mesmo tempo, de assegurar a diferenciação do grupo e de preservar sua identidade, mas, também, de assegurar sua sobrevivência no mundo, perante a sociedade, por uma capacidade de adaptação, de dar provas, se necessário, de conformismo social.

A transmissão "normal" confronta aquele que é seu objeto com duas mensagens, situadas numa relação contraditória, senão paradoxal: a primeira é: "seja diferente", seja fiel aos valores específicos de seu grupo de origem, mesmo que isso seja difícil!

A segunda mensagem é: "seja igual". Não se destaque, não se singularize, pois você colocaria seu grupo em perigo.

Evidentemente, essas duas mensagens requerem, para ser emitidas, para serem críveis, uma boa dose de esquecimento: somos fortemente solicitados a não ver que as qualidades de que se trata na primeira mensagem têm pouco substrato real, ou que o mito de conformismo talvez não corresponda à realidade de um grupo que conheceu alguns desvios. Mas, no conjunto, esse processo de transmissão funciona, confrontando cada geração com essa dupla mensagem, essa dupla injunção: "seja igual" e "seja diferente"...

Eu até faria a seguinte proposição: é, talvez, *por sermos confrontados com uma dupla mensagem que a transmissão é criativa*, obrigando-nos, a cada geração, a inventar nosso grupo familiar e, assim, evitar repetições esterilizantes.

É assim que as famílias fazem a reparação, se auto-reparam, e é para isso que elas o fazem, para assegurar a transmissão, transmissão da capacidade de transmitir. A vida de um grupo familiar, sua especificidade em relação a outros grupos, como o casal, é a sua capacidade de se reproduzir, de assegurar uma dimensão diacrônica ao grupo.

Patologia da transmissão, patologia da reparação

Os mecanismos de reparação concernem, pois, aos dois eixos do mito, o "seja diferente" e o "conforme-se!".

O trabalho de reparação pelo esquecimento pode se referir a eventos que são considerados, por determinado grupo, incompatíveis com uma norma próxima da norma social. Citemos J.-B. Pontalis:[1]

> [...] Em minha família de origem — encontramos outras ao longo da vida para, finalmente, reconhecer que se pertence àquela — era melhor se vestir com tudo combinando para não ser considerado de mau gosto, ou pior, banal. Ostentar uma gravata cor de maçã verde sobre uma camisa azul era mais do que uma ofensa à harmonia das cores, era aviltar-se. Para que o mundo fosse como deveria, seria preciso assegurar, antes de mais nada, a permanência do exatamente igual. As cores deveriam combinar, os homens deveriam desposar as jovens de seu meio, e as palavras e os gestos tinham de convir às circunstâncias.

Para outros grupos, esse trabalho consistirá, essencialmente, em levar a esquecer que o grupo, na realidade, nada tem de extraordinário, para preservar um mito de excepcionalidade!

Ilustraremos com situações clínicas. Sucessivamente, evocaremos situações nas quais o problema é suprimir as diferenças; depois, com exemplos, em que o problema é inverso, ou seja, esquecer o banal.

Nossa hipótese é a de que há patologia no caso em que uma só das duas mensagens está atuando no processo de transmissão: "seja diferente!" ou "seja igual", esqueça as suas diferenças!.

Nos dois casos constatamos que esses mecanismos são ainda mais patogênicos, quando a percepção autorizada em nada corresponde à realidade fenomenológica do grupo.

Exemplos de Situações para Suprimir as Diferenças

Foi o dr. Bourdier[2] quem demonstrou que as crianças das quais se esconde elementos sobre sua filiação têm problemas de aprendiza-

---

1. J.-B. Pontalis. *L'amour des commencements*. Paris, Gallimard, NRF, 1986, p. 153.
2. Pierre Bourdier. "La paternité. Essai sur la prócreation et la filiation". In: Sztulman (dir.) *OEdipe et psychanalise aujourd'hui*. Toulouse, Privat, col. "Sciences de l'homme", 1978, pp. 85-110.

gem muito específicos, tornam-se impossibilitadas de memorizar (se diz aprender!) história, geografia ou qualquer outra matéria, e não apresentam qualquer dificuldade de aprendizagem em outras disciplinas. Trata-se, freqüentemente, de crianças cujo pai não é o atual marido da mãe ou, ainda, de crianças adotadas, que, em ambos os casos, ignoram sua verdadeira filiação. Essa situação coloca problemas difíceis. De fato, se for exigido que os pais contem a verdade, o mais comum é que a família não volte. E mesmo que cumpram o exigido, os transtornos, entretanto, não desaparecem; às vezes, se agravam. A situação não é espontaneamente reversível. De modo inverso, se for feita uma psicoterapia individual com a criança, sem restabelecer a verdade da filiação, a situação do terapeuta torna-se particularmente desconfortável, pois ele sabe que a criança ignora sua própria filiação.

A situação, às vezes, é ainda mais curiosa: pode acontecer de a mãe expressar, em consulta e diante da criança: *"Ele não sabe que meu marido não é seu pai"*.

Ou, ainda, pode acontecer que a criança conheça seu verdadeiro pai, em uma idade em que se memoriza sem dificuldade; ou ainda que todos os vestígios possíveis estejam à disposição da criança: como, por exemplo, ter o sobrenome diferente do sobrenome de seu suposto pai, sem que por isso ela pareça saber mais a respeito.

Como dar conta desses transtornos de memorização no terreno escolar e no da filiação?

A hipótese que proporemos a partir dessas poucas reflexões sobre a memória familiar é a seguinte: a maioria dessas famílias se fundou sobre a idéia de ser ou dever ser famílias respeitáveis, *"clássicas"*, nas quais os papéis são bem distribuídos, bem tradicionais.

A realidade da filiação é incompatível com essa imagem fundadora, esse mito.

A memória familiar é um processo de eliminação, uma mensagem *sobre aquilo que convém esquecer para preservar o mito*: não apenas se pede à criança para *"esquecer"* sua filiação, mas se lhe pede, cada vez mais, que não perceba essa falta de informação, e aí se inscreva a curiosa atitude dos pais.

Citemos Georges Perec (*La Disparition*): "Havia um esquecimento, um branco, um buraco que ninguém vira, soubera, pudera,

39

quisera ver. Desaparecera, isso desaparecera." "Não havia indicação que assinalasse o desaparecimento..." senão, nesse caso, uma perturbação de memória, um defeito de seleção. Algo é esquecido, algo que não deveria ser esquecido, já que socialmente perceptível. Como uma matéria: história, geografia ou, às vezes, um idioma.

Nossa proposição atual seria, em vez de logo oferecer uma abordagem individual, trabalhar com o grupo, sobre seu esquema de autorepresentação, a pouca certeza, até a dúvida de ser um grupo reconhecido, reconhecível, viável. Pode-se supor que *a memória "volta" no dia em que a informação sobre a filiação deixar de ser uma ameaça para a imagem do grupo*, para a identidade do grupo como entidade viva destinada a "transmitir" a capacidade de transmitir seu mito.

Um segundo exemplo de "supressão" das particularidades de uma família:

As famílias que só transmitem o esquecimento das particularidades, sem conteúdo de substituição, parecem patogênicas. Os transtornos observados tendem, mais freqüentemente, para o lado da psicopatia.

Consideremos a família Téséo: os pais têm cerca de quarenta anos de idade. Ele é engenheiro; ela não trabalha fora. Eles têm dois filhos: uma filha de vinte anos e um filho de quinze. Os motivos da consulta são fugas, recusa escolar, conflitos violentos com o pai, comportamentos atualmente apresentados pelo filho, Antoine.

O ponto importante é que a filha, Juliette, apresentou as mesmas dificuldades comportamentis quando tinha a idade de Antoine.

Os dois jovens se queixam da rigidez de seus pais, de seu conformismo. Durante as sessões seguintes eles vão desvendar progressivamente uma saga familiar complexa: os pais se conheceram em um país neutro, e a mãe era refugiada política. Ela sofreu um percurso doloroso com lutos, separações brutais, prisões.

Ela ainda sustenta (após mais de vinte anos de casamento) ter desposado o marido só para regularizar sua situação.

Eles tiveram alguns anos felizes, com o nascimento da filha. Mas, porque desejavam um filho homem e por não quererem correr o risco de ter uma segunda filha mulher, optaram pela adoção. Têm assim uma segunda criança, mas lhe escondem sua origem adotiva, como escondem a história particular de seu encontro. No entanto, a jovem sabe: ela acompanhou os pais quando eles foram buscar seu irmão num orfanato. Ela até se lembra de um fato que lhe causou admiração: sua mãe queria, para criar uma continuidade, que as atendentes lhe permitissem levar a mamadeira do bebê. Isso não foi possível porque, dadas as carências materiais, uma mesma mamadeira servia para várias crianças. Entretanto, durante anos ela respeitou o silêncio dos pais sobre esses fatos: ela "não sabia".

Após essas confidências, a mãe decide dizer ao filho a verdade sobre sua filiação. Os efeitos dessa revelação foram um agravante considerável de suas condutas atípicas. Antoine se pergunta e lhes pergunta o que tem a ver com eles!

Uma nova revelação será feita em seguida: o pai, engenheiro, está desempregado há mais de um ano. Os dois filhos desconfiavam disso vendo o pai passar os dias em casa, mas diante das vigorosas negativas dos pais eles acabaram se convencendo de que estavam enganados!

O terapeuta, confrontado com essa situação, tendia a levantar o estandarte a verdade, a lutar contra esses não-ditos, esses segredos. No entanto, ele sabia, por experiência, que o não-dito sobre a filiação de Antoine, uma vez revelado, acarretara um agravamento das perturbações de comportamento.

Pode-se interpretar os não-ditos como "supressão" da realidade familiar, destinados a permitir a transmissão de um mito normalizado, que faz desaparecer as particularidades da família vividas como diferenças inaceitáveis, porque perigosas, situando a família na mira de uma sociedade que não aceita as diferenças. Essa visão alternativa oferecida aos filhos autoriza-os a ver os pais de um modo muito diferente: não era o caso de pais rígidos, que infantilizavam os filhos dissimulando para eles a realidade das coisas, mas pais preocupados com o futuro de seus filhos e que conheciam o preço, às vezes elevado, que a sociedade cobra daqueles que são reputados "diferentes", desviantes (nesse caso, família "adotiva", família do "desempregado"). Embora esse reenquadramento tenha permitido restabelecer o diálogo no grupo, ele não poderia substituir o vazio "mítico" mantido pelos pais, mais preocupados em transmitir o esquecimento do que reforçar uma identidade de grupo, transmitir um mito de diferença que pudesse estimular o narcisismo dos membros do grupo e, em particular, dos filhos. Neste caso, nós propomos praticar um "enxerto mítico",[3] ou seja, um primeiro elemento ao redor do qual a família poderá se reestruturar.

---

3. Conforme o capítulo 5, "Adoção e mito de verdade", p. 68.

Aqui, a partir de uma série de constatações, foi proposto um mito de generosidade: inicialmente, os filhos contaram que vivia com eles, há alguns meses, uma velha senhora que, de outro modo, teria ficado só e sem recursos; depois apareceu que a adoção de Antoine fora acompanhada de uma ajuda considerável à sua família de origem, que permitira às outras crianças, irmãos e irmãs de Antoine, até então internados, voltarem ao lar, a seus pais; enfim a própria jovem, durante algum tempo, fez parte de uma organização de caridade e se ocupara fornecendo mamadeiras para creches de países pobres! E mais, ela sempre se opôs ferozmente a qualquer medida de internação relacionada ao irmão.

Notificamos, então, o quanto ficamos impressionados com sua grande generosidade, que, na ausência de outras afinidades, era um cimento entre eles e os distinguia positivamente de outros grupos familiares mais "egoístas", e que significava, para nós, que eles souberam transmitir o essencial a seus filhos...

Em uma outra situação, uma jovem de 16 anos, Dolores, se apresenta, há algum tempo, agressiva, desprezando os pais; sai todas as noites, às vezes não volta, se envolve com drogas. Para ela os pais "são nulos, chatos, entediantes, só pensam na tevê e nos chinelos; eles são como mortos..."

Perguntamos aos pais: "O que vocês faziam na idade de Dolores?". Pergunta banal nessas situações de dificuldade com adolescentes. A resposta é menos banal. Diante de uma Dolores verdadeiramente perplexa, a mãe vai contar a história do casal: "Na idade de Dolores eu era noviça. De fato, estive no convento dos dezoito aos 32 anos de idade. Tive a oportunidade de rever aquele que se tornaria meu marido e que eu conhecia desde a infância. Decidimos nos casar. Foi um escândalo terrível; todos, primeiramente meus pais, mas também os padres, até o bispo tentaram fazer com que mudássemos de idéia. Houve ameaças, cartas anônimas, até no trabalho de meu marido, que ele quase perdeu... Mas nós persistimos, mesmo que fosse preciso fugir".

A reação da filha foi violenta: "Por que me esconderam a verdade?".

O terapeuta interveio: "Talvez eles tenham desejado protegê-la de ter pais 'anormais'. Tentaram agir de forma que você tivesse pais como todos, pensando que você teria melhores oportunidades na vida. Você pode ficar orgulhosa deles: eles devem ter tentado lhe dar explicações para seu comportamento excessivamente normal, que você reprova!"

Um último exemplo de tentativa de suprimir as diferenças por parte de pais, em relação a seus filhos. Trata-se de uma apresentação de vídeo de um encontro familiar, num congresso, em Londres, por Lynn Hofman, há dez anos. Era uma família judaica do Bronx. Os pais e três ou quatro filhos. Os filhos tinham dificuldades escolares, eram agitados e desobedientes.

Todos tinham um jeito bastante comum, pelo menos para o Bronx, onde viviam cercados por outras famílias judaicas modestas, no convívio cotidiano.

O encontro desenvolveu-se de forma igualmente comum, até o momento em que lhes foi perguntado o que lhes ocorrera durante a guerra, assim como às suas famílias de origem, pois ficou claro que os pais tinham emigrado da Europa após a guerra.

Nesse momento, diante dos terapeutas aturdidos, a mãe, em vez de responder, ficou muda como um peixe: abria e fechava a boca sem que o menor som fosse emitido. Nesse momento, um silêncio impressionante reinou na sala de consulta; os filhos, habitualmente agitados, ficaram imóveis. Toda vez que o tema foi evocado, a mesma cena se reproduziu, com a mãe ficando muda como um peixe...

A razão de tal comportamento acabou sendo desvendada pelo pai: o drama dessa família, sua vergonha, seu segredo era... que eles nada haviam sofrido durante a guerra, que haviam tido muita sorte, podendo emigrar a tempo e ninguém deportado. Essa particularidade familiar os teria tornado suspeitos num meio de famílias que sofreram perseguições; o comportamento da mãe se destinava a normalizar o grupo, poupar os filhos de confusões ligadas à sua singularidade. Efetivamente, quando a mãe ficava muda como um peixe, os filhos mostravam-se apavorados, perguntando-se sobre os graves acontecimentos que despertavam esse comportamento na mãe, mas, é claro, não podiam fazer qualquer pergunta!

Encontramos novamente esses pretensos não-ditos, que são tentativas de evitar transmitir particularidades consideradas perigosas, em muitas famílias perseguidas por razões religiosas, políticas, raciais...

Com menos freqüência, mas em geral acarretando comportamentos psicopatológicos no âmbito das psicoses, das esquizofrenias e, sobretudo, das anorexias... certas famílias neutralizam, não suas diferenças mas, ao contrário, *o fato de que elas nada têm de particular.* Entretanto, dispõem de um mito da excepcionalidade de grupo, que não se alimenta de nada substancial, que não é justificado por qualquer particularidade valorosa. A mensagem "seja diferente como todos nós e mantenha à distância um mundo demasiadamente banal" isola o grupo, torna difícil o estabelecimento de relações com os outros, que não sejam seus membros, e isso também à medida que nada justifica esse narcisismo familiar exacerbado. É possível, em certos casos, evocar um verdadeiro delírio familiar!

Esse mito da excepcionalidade pode, conforme o caso, criar gênios,[4] mas é mais comum que crie a obrigação de ter de se conformar com o mito, impelindo a pessoa a adotar comportamentos patológicos. Às vezes, numa mesma família, coexistem genialidade e loucura. Como no caso da família Claudel, que produziu dois gênios: Camille, inicialmente, e, depois, quando ela foi internada por toda a vida por um delírio de perseguição, Paul a substituiu. Citamos Paul (P. Claudel, *Mémoires improvisés*): "Todos brigavam na família: meu pai e minha mãe brigavam, os filhos brigavam muito com os pais e entre si", uma família banal! Mas isso não impedia em nada sua convicção de ser um grupo excepcional: "[Nós formávamos] um pequeno clã, que achávamos *imensamente superior a todo o resto* [do mundo]..." e mais adiante: "*Éramos os Claudel* "...

Assim, em nossa atividade de terapeuta familiar, encontramos famílias em que nada levava a supor o imenso orgulho que as sustentava, por serem e se sentirem de uma essência diferente do resto do mundo, imersas em preocupações banais...

Percebe-se a necessidade, desses pais, de transmitir uma cegueira considerável aos filhos, a fim de fazer perdurar essas crenças, esse mito de grupo excepcional.

A família Zeppa havia sido encaminhada até nós porque os profissionais que acompanhavam o filho, de vinte anos, haviam-no diagnosticado esquizofrênico e por demais dependente dos pais. Eles podiam, facilmente, ser qualificados de "gente simples". O pai era sapateiro aposentado por antecipação, por falta de trabalho; a mãe era dona de casa. Uma filha mais velha estudava, mas continuava muito ligada aos pais, não tinha namorado nem amigos. Eles viviam com uma renda modesta, friamente amontoados em um pequeno apartamento. Eles compreendiam com dificuldade as razões da entrevista que lhes fora proposta; quando evocamos a opinião dos profissionais, que se encarregavam de seu filho, de uma dependência grande demais em relação a eles, o pai, até então apagado, quase tímido, transformou-se em um grande orador! Ele nos fez o seguinte discurso: "Ninguém mais, atualmente, sabe o que é a liberdade! As pessoas enlouqueceram. Prova disso é que se rebaixam pedindo empréstimos e assumem empregos assalariados!". Eles, pelo menos, sempre se recusaram a se dobrar:

---

4. Conforme "Les génies désignés". In: R. Neuburger, *L'irrationnel dans le couples et la famille, op. cit.*

não tinham dívida alguma e ele preferira, antes, parar de trabalhar a aceitar um emprego assalariado quando teve de fechar seu negócio por falta de clientes!

Esse elogio à liberdade era incongruente para um grupo reputado social e particularmente alienante para seus filhos. E, no entanto, para eles, tratava-se de proteger os filhos da ideologia banalizante que era sustentada, sem que se dessem conta, pelos profissionais, de que tentavam conseguir que o filho se interessasse por todas as coisas julgadas "normais": encontrar um emprego, um quarto, atividades para sua idade... e que a filha arranjasse um namorado, se distanciasse de seu irmão e de seus pais.

Essa ideologia de liberdade aparece nessa família, aliás, sem traços distintivos particulares, como uma pedra preciosa, um tesouro que é vital transmitir, mesmo que às custas de toda a realidade contextual...

Outro caso, a família Ippolita: os pais e seus quatro filhos, todos adultos, casados e eles também pais, com exceção do último, de trinta anos, que ainda vive na casa dos pais. Assim que nos vê, o rapaz vem nos dizer de quando o recebemos pela primeira vez, que ele bem se lembra de nós e da primeira terapia familiar que fizemos juntos! Ele desenvolve um delírio muito construído e que, claramente, evolui há vários anos, sem que ninguém nunca tenha interferido, seja para fazer-lhe uma observação sobre a irracionalidade de suas palavras, seja para lhe aconselhar uma consulta: roubaram seu esperma, por ocasião de "poluções" noturnas, para fazer uma criança; ele sabe de quem se trata mas não pode revelar. De qualquer forma, mas ele vem por fingimento, não é bobo sobre a situação e sabe que seus pais não são seus pais e, particularmente, que sua mãe não é sua mãe...

Só esse último ponto desencadeia uma reação de sua mãe, que diz estar muito afetada com essa crença do filho. Ela jura ser a mãe de Alexandre e pede que a ajudemos a convencer o filho! O fato evidente, de que o filho está delirando, parece não tocá-la. Nós nos admiramos com esse fato e recebemos de volta uma resposta áspera do pai: "Entre nós, meu senhor, respeitamos a opiniao de cada um!"...

A história da família Ippolita nos fez perceber a importância, para eles, de preservar esse mito, de uma diferença do resto do mundo, tal como o pai expressara, e que não levava em consideração o fato de que as palavras do filho eram francamente patológicas para qualquer um de fora de seu grupo. Eles viviam em um terreno, dividido pelo avô paterno, com os outros irmãos e irmãs do pai, cada qual com sua parcela e sua casa. Mas esses últimos tinham perdido, progressivamente, os ideais familiares de tolerância e respeito pelo outro, a ponto de zombar deles, do que era vivido como moralismo excessivo. De fato, em seu grupo, todos compreendiam o que Alexandre fazia, com essas estranhas palavras, a saber, proteger o grupo de qualquer tentação de adotar um sistema de comunicação fácil, autorizando intromissões na vida de uns e outros. Suas palavras obscuras formavam como que um muro de proteção da vida íntima do filho, até do grupo, do qual ele se fazia representante, daí suas palavras enigmáticas que tinham dado início às entrevistas familiares. A ausência de real diferença entre eles e os tios e tias só podia exacerbar suas particularidades: sua ideologia de tolerância pelas diferenças no interior da família e o respeito correlativo pelo outro, tanto mais respeitável quanto mais difícil de manter. Tudo isso para proteger o grupo de uma "poluição" pela banalidade, por uma conformidade ao mundo exterior como praticava o resto da família.

Aqui, também, espera-se que os filhos respeitem a cegueira que lhes é transmitida: que eles não vejam a ausência de uma diferença real entre seu grupo familiar e o dos tios e tias.

Toda intervenção banalizante, que não leve em conta sua "excepcionalidade", tem tudo para fracassar com essas famílias, à medida que o ajuste de seu mito, seu eventual reforço tem, em geral, como efeito, estimular sua criatividade a produzir soluções menos disfuncionais.

Conclusão

A memória familiar é, pois, aquilo que permite a transmissão do mito familiar, seja aquilo que há de mais "íntimo", ou melhor, aquilo que cria o íntimo de uma família, que assegura uma identidade familiar, do "igual", que permite a uma pessoa se ajustar em sua própria identidade, seja identificando-se seja opondo-se.

Quando o processo fracassa é, para nós, essencialmente, por duas razões:

— Porque a realidade familiar é julgada negativamente, daí a necessidade de suprimi-la. O que domina é um desejo de conformismo: aparecer como uma família normal, banal, não criticável, conforme aquilo que a sociedade preconiza, à guisa de mito social: como ser uma família unida, sem manchas, com origens claras, legítima em todos os sentidos da palavra... Mas isso não é retransmitido em palavras, pois as palavras dão lugar a alternativas. Não se diz à criança: "Não seja diferente, pois isso é perigoso, você não deve fazer parecer que é diferente!". O trabalho de memória familiar será o de apagar as lembranças, as diferenças que são consideradas negativamente, porque seriam perigosas ou, simplesmente, inconvenientes. Apagar as lembranças é fazer desaparecer os vestígios, todos os vestígios, inclusive a lembrança de que havia uma lembrança! A questão de uma diferença nem sequer se coloca, pois nem há mais vestígio da questão. As famílias que apagam seus aspectos considerados anormais ou suas particularidades produzem uma patologia da transmissão, que dificulta o estabelecimento, a construção de uma família para a geração seguinte. A *patologia atual* está mais para a psicopatia, sintomas que se inscrevem no agir, às vezes perigoso: toxicomania, fugas, delinqüência, suicídios.

— Também vemos a situação inversa: famílias que expõem particularidades das quais os membros são singularmente orgulhosos, mostrando-se condescendentes até com desprezo pelo *vulgum pecus*... A transmissão, então, é a de uma *diferença a manter* perante o mundo vulgar, banal. Certos traços são valorizados, ampliados, pois nada teriam de particular se não fossem assim tratados.

A memória funciona apagando, neste caso, não as particularidades, mas, ao contrário, todos os traços que mostrariam uma certa banalidade da família...

A mensagem é: "Nada de transmissão. Antes isso do que um mau casamento, que adulteraria a imagem, o mito familiar..."

Essas famílias criam dificuldades para os filhos que são objeto de tais mensagens. Qualquer parceiro externo será facilmente desqualificado e alguns pacientes acabam freqüentando apenas os médicos, únicos parceiros sociais que têm mérito aos olhos dos pais... Vemos, então, o que se convencionou chamar de "psicóticos" e "anoréxicos".

As conseqüências terapêuticas são claras: não se poderá tratar da mesma forma um grupo cuja "ideologia" dominante é a glorificação da não-diferença, da banalidade, e um grupo apegado à convicção de um estado excepcional, que só se manifesta neles!

A memória familiar pode, pois, funcionar de modo letal no que concerne à transmissão, a saber, a transmissão da capacidade de transmitir, e isso de dois modos extremos: um tentando apagar as diferenças entre mito social e família; o outro, apagando os aspectos por demais comuns. Nesse caso, a memória como processo atua, essencialmente, filtrando as informações e transmitindo o esquecimento...

Os mecanismos patogênicos, como sempre, esclarecem a fisiologia: podemos formular a hipótese de que nos processos "normais" de transmissão atuam duas mensagens: "Seja diferente dos outros e fiel à exceção de seu grupo", mas também a mensagem inversa: "Seja igual", e o efeito dessa dupla mensagem seria autorizar a criatividade a cada passagem de geração, a cada geração obrigada a determinar entre ser igual e ser diferente.

A passagem de uma geração a outra não é uma simples repetição, mas uma renovação criativa, gerada pelo efeito produzido pelas duas mensagens simultâneas e que estão em relação não apenas contraditória, mas paradoxal quando combinadas. Citemos Bateson: "Acreditamos que os paradoxos da comunicação estão presentes em toda a comunicação mais complexa do que a dos sinais indicativos de temperamento, e que sem esses paradoxos a evolução da comunicação chegaria a seu termo: a vida, então, seria nada mais do que uma troca sem fim de mensagens estilizadas, um jogo com regras rígidas, monótono, desprovido de surpresas e de humor."

Referências Bibliográficas

BATESON, G. *Vers une écologie de l'esprit*. Paris, Seuil, col. "Recherches anthropologiques", tomo 1, 1977, p. 124.

BOURDIER, P. "La paternité. Essai sur la procréation et la filiation", em *OEdipe et psychanalyse d'aujourd'hui*. Sob a direção de Henri Sztulman, Privat, 1978, pp. 85-110.

_____ "Famille et connaissance des liens de parenté", *Psychologie Médicale*, 14, 10, 1982, pp. 1541-9, Paris, SPEI éditeur.

DAVIS ZEMON, N. "Ghosts, Kin and Progeny: some Features of Family Life in Early Modern France", em *The family*, editado por Alice S. Rossi, Jerome Kagan, Tamara K. Hareven. W. W. Norton Company, Nova York, ING, 1978.

FOERSTER, H. von. *Observing systems*. Seaside, Califórnia. Intersystems Publications, 1981. Ver particularmente: Time and memory, pp. 140-7 e Memory without record, pp. 92-137.

NEUBURGER, R. "La mémoire familiale", em *Mémoire et vieillissement*, Actes du sixième congrès national de gérontologie, 1991, Maloine.

PEREC, G. *La disparition*. Denoël, 1969.

3

Mito Familiar, Mito Profissional dos "ajudantes" Os Reparadores de Mito

OFERECER AJUDA: UM PROBLEMA!

Costuma-se falar das dificuldades da ajuda por imposição, mas os pedidos espontâneos não são menos problemáticos. É também difícil oferecer ajuda àqueles que fazem formalmente petições de ajuda no plano psicológico, para problemas de casais, educativos, de "doenças mentais" e de violência. A questão é da adequação entre a oferta de ajuda e o pedido: *como transformar aquele que pede ajuda em alguém que pode aceitar e se beneficiar da ajuda proposta?*

Os "ajudantes", com freqüência, se decepcionam com o parco resultado de seus esforços: seja porque aqueles que pedem ajuda interrompem o tratamento e vão consultar-se em outro lugar, seja, ao contrário, porque certas ofertas podem ou parecem agravar a situação, e isso soa misterioso. Esta é a experiência comum, tanto no campo psiquiátrico quanto no social ou educacional. Não pretendemos ter encontrado a solução para essa dificuldade, mas, sim, apresentar uma hipótese de trabalho (certamente há outras). Partimos de uma constatação: aqueles que pedem ajuda, no entanto, não chegam "virgens". De fato, quando questionados, percebemos que antes desse pedido, certo número de soluções já fora experimentado pelas famílias. Mas essas ajudas internas foram percebidas como insuficientes (o fim pretendido não fora alcançado) *foram criticadas pelo mundo exterior.* O que não é nada raro. Efetivamente, para as pessoas de fora, entre as quais estamos nós, "ajudantes profissionais", estes sistemas de ajuda interna facilmente podem parecer curiosos. Em um número considerável de situações, podem ter sido propostas hospitalizações, internações, a partir da idéia de que as dificuldades do paciente tinham origem no "tipo de ajuda" dispensado pela família!

Então, não era difícil que a família fosse qualificada de fusional, ou patogênica, alienante, incestuosa.

Queríamos nos concentrar em situações clínicas em que a questão era propor um dispositivo em um sistema de ajuda preexistente, próprio à família.

Diferentes situações têm levado os operadores a propor uma ajuda que se opõe ao sistema precedentemente instaurado pelas famílias. Mas é importante dar-se conta de que um sistema de ajuda não pode ser separado do mito do grupo que lhe dá origem. Isso é verdadeiro para os grupos familiares, mas também para os terapeutas, cujas proposições são, necessariamente, ligadas ao mito social que se refere às normas de uma "boa família", em particular às normas educativas sociais. Certamente, são normas de uma época e de um lugar. Mas o terapeuta não pode abstraí-las, pois, quer queira quer não, elas são vividas pelas famílias. *Sempre que há um pedido de ajuda, há o perigo de responder de modo não-específico,* em função dos mitos sociais, e sem levar em consideração a dimensão mítica da família, que aparece na instalação de um sistema de ajuda mútua, ainda mais frágil, porque as tentativas autocurativas foram fracassos socialmente reificados.

Talvez sejamos como aqueles que pedem ajuda. Não estamos simplesmente à escuta dos pedidos, nós também temos nossos problemas de identidade, que arriscam fazer-nos aderir ao mito de uma norma, que pode ser uma desvantagem sempre que somos levados a ajudar as pessoas. Qual é, então, esse mito normativo?

1. Uma família conjugal, ou seja, pai, mãe e filhos biológicos é preferível a qualquer outra forma de família.
2. Num casal, as tarefas devem ser partilhadas, a mãe deve dar espaço ao pai e o pai deve dar espaço à mãe, na relação com as crianças.
3. Os pais devem estar sempre de acordo quanto aos modelos educativos das crianças.
4. A pequena célula conjugal deve estar separada dos avós, deve ter criado sua própria vida e manter sua autonomia em relação àqueles.

Tudo isso parece evidente. Essa mítica, essa ideologia não corresponde a nada, nos planos sociológico ou psicológico, que justifique erigir esse modelo como ideal. Não que o modelo seja ruim, mas ele não pode, em nenhum caso, ser erigido como ideal, nem como modelo. De todo modo, o que é certo é que a partir de tais míticas (que, se observarmos os profissionais, sem levar em conta os seus clientes, a vida pessoal deles geralmente não é representativa desses modelos) é freqüente propormos um modelo inacessível àqueles que pedem ajuda.

Uma "autópsia"

Infelizmente, o primeiro caso é uma "autópsia", na medida em que foi um grande fracasso; o dispositivo de ajuda resultou, muito precisamente, no inverso daquilo que fora desejado pelos operadores sociais, se é que se pode dizer que alguém foi verdadeiramente responsável. A interpretação do pedido de ajuda conduziu a uma catástrofe.

Tratava-se de um casal jovem, que veio pedir ajuda de uma equipe socioeducativa porque, diziam, tinham um problema com seu filho de quatro anos, Claudio. Estávamos em 1988 (foi uma situação de supervisão apresentada em 1992). Eles vieram porque tendiam a punir e a bater muito severamente em Claudio. Tinham conciência disso, não sabiam como reagir de outra forma, e pediam ajuda. A reação da equipe socioeducativa foi a de fazer uma denúncia ao juiz. O juiz decidiu internar a criança urgentemente. A internação ficava a quinhentos quilômetros do local em que moravam e acabou, na prática, operando um corte entre os pais e a criança (a viagem era onerosa e difícil).

No final de um ano, os educadores perguntaram-se se a família não evoluíra (por que ela teria evoluído sem acompanhamento?) e decidiram mandar a criança para a família. Depois, acham que isso não vai bem. Uma segunda internação é decidida e a situação se repete, alternando internações prolongadas em diversas instituições e breves retornos junto à família.

Em 1992, o quadro era o seguinte: a criança continuava internada e, uma vez mais, os educadores pretendiam enviá-la à família. Só que, dessa vez, os pais recusam: eles estão completamente desanimados; sentem que haverá outro fracasso. A criança, por sua vez, está instável em decorrência das suas permanências prolongadas em diferentes instituições.

Em resumo: no começo tínhamos um pedido de ajuda e, quatro anos depois, temos pais completamente deprimidos, desqualificados e uma criança em grande dificuldade. Nesse meio tempo, os pais tiveram uma menina, com a qual as coisas vão bem.

Quando retomamos o estudo desse caso, questionamos: Por que esses pais vieram quando a criança tinha quatro anos? O que aconteceu durante os quatro primeiros anos de vida da criança? Ninguém sabe. Um mês depois, recebemos a seguinte informação: o menino fora criado pela avó materna até a idade de três anos. Por quê? A mãe era muito jovem quando do nascimento do menino e, sentindo-se imatura, confiara seu filho à avó materna, mulher devotada e capaz. Quando o menino tinha três anos, uma colega, assistente social, foi levada para conhecer a família. Ela julgou que era um rapto de criança, que a avó tirara a criança da mãe e que esta última devia retomá-la.

Esse primeiro caso ilustra bem as catástrofes que podem advir de uma intencionalidade, muito boa com certeza, mas que opera a partir de critérios exteriores à situação, critérios sociais ou ideologia social, enfim, mito social. Neste caso, o mito é feito de empréstimos psicanalíticos retomados de acordo com uma moral, injunção de uma conduta normativa. Não se deixou à mãe a escolha de empreender um trabalho pessoal e assim adquirir a maturidade que lhe permitisse assumir seu filho. Ao mito social, no caso, sustentado pelo trabalhador social, poder-se-ia opor algo que é da ordem do mito familiar e que não foi levado em consideração, e que poderia aparecer ao se ir mais além nesse pedido de ajuda. Esse mito familiar podia ser assim descrito: "Mais que um casal, nós somos uma família solidária", "a avó pode nos ajudar em caso de necessidade, como nós faríamos por ela se fosse preciso". Por causa da não percepção dessa dimensão de ajuda interna, componente importante do mito familiar, nunca ocorreu a idéia de que, em vez de internar a criança, ela pudesse voltar para junto da avó, sempre presente e disposta a retomar o menino.

Evocaremos agora outras situações, menos dramáticas, mas que sempre nos conduzirão a dois tipos de ajuda intra e extrafamiliares, pondo em cena mitos diferentes, alguns deles parecendo incompatíveis entre si.

O caso da paciente "hospitalizada domiciliar"

Segundo caso (também uma supervisão): um colega psiquiatra está encarregado de uma senhora de cinqüenta anos com um episódio que pode ser qualificado de depressivo. Ele decide hospitalizá-la. Mas bem rápido a família — o marido e os três filhos maiores — mobiliza-se e decide que a mulher não pode ficar no hospital, que ela não suportará ficar separada deles. Eles assinam um termo de responsabilidade e levam-na para casa. Apesar desse episódio, eles não rompem com o médico e levam a paciente regularmente à consulta externa.

O problema é o seguinte: depois que essa mulher saiu do hospital, a família tem um comportamento estranho; o sistema de ajuda interno da família tornou-se tal que parece, ao médico, que sua paciente está em perigo ou, pelo menos, que ela não tem muita chance de superar a depressão. Essa mulher, antes ativa, nada mais faz por si mesma, está inteiramente dependente deles para se vestir, se alimentar, fazer suas compras e até se lavar... O terapeuta não sabe mais como agir, tenta lhes explicar que sua atitude é nociva para a paciente, mas isso não altera o seu comportamento deles. Ele tem a impressão de que a situação está bloqueada.

A situação é típica: uma família vem pedir ajuda e o sistema de ajuda interno da família parece, para o profissional envolvido, ser causa do problema.

Fizemos a seguinte hipótese: no hospital, ela era cuidada, não fazia nada, como acontecia agora, em casa. Podemos pensar que essa família se sentiu culpada por ter exigido uma saída do hospital, contra a opinião dos médicos. Eles decidiram praticar uma "hospitalização domiciliar". A partir de então, para orientar o tratamento para um modo mais adequado às necessidades de sua paciente, bastaria reorientar a ajuda que eles praticavam, da seguinte forma: "Eles tiveram uma boa idéia ao tirar a paciente, para mantê-la com eles, porque no hospital ela estaria muito dependente, teriam impedido que ela reencontrasse sua autonomia, teriam-na vestido, alimentado e até lavado! Felizmente, ela está com a família e poderá ser incentivada para a autonomia", descrição em negativo de tudo o que eles faziam, mas que o hospital, por outro lado, era capaz de fazer.

Após a intervenção dos terapeutas, eles puderam utilizar o mito da solidariedade de modo mais adequado. Para o terapeuta, aqui também era o caso de poder aceitar aquilo que mantinha o sistema de ajuda, a solidariedade filhos-pais, componente do mito familiar.

A família Égéo: é preciso um homem para "bancar" o pai?

Victor tem dezessete anos. Ele vive com a mãe e foi levado à consulta por ela, que está em grande conflito com o filho. Esses conflitos são extremamente violentos e freqüentes. O motivo é sempre uma nova exigência de Victor; em caso de recusa, ele grita, bate em si mesmo, ameaça suicídio. Ela não sabe mais como agir, tem muito medo de que ele se atire pela janela, como ameaça fazer, mesmo porque ele tem antecedentes. Nos quatro últimos anos, Victor teve quatro acidentes de carro gravíssimos (sem carta de motorista, pois tem menos de dezoito anos, e sob a influência do álcool). Esses acidentes foram seguidos de hospitalizações, duas das quais em instituição psiquiátrica, por motivos não esclarecidos. Victor é um rapaz bonito, se expressa bem, apresenta-se bem, usa roupas caras, exibe um relógio caro. Os pais são universitários e estão separados há mais de dez anos. Victor devia ter seis anos na época. Atualmente, estão divorciados: o pai vive no interior, casou-se novamente e tem dois filhos; a mãe também casou-se e se divorciou de novo. Parece que as dificuldades com a mãe aumentaram quando o segundo marido foi embora. Era um homem curioso, colecionava armas, não trabalhava e tinha — segundo Victor — uma relação boa com ele.

O pai de Victor veio, a meu pedido, uma vez sozinho e outra com Victor, mas, a cada ocasião, faz questão de dizer que vem porque está na cidade para um congresso. Ele não crê, em absoluto, no empenho da mulher. Ele pensa que não há nada a fazer e que os problemas são provocados pelos avós maternos. Ela é filha única de um casal bem idoso que, na verdade, adotou Victor, no sentido de que ele depende deles para todas as suas necessidades. Esses avós nunca lhe negam nada. Por exemplo: Victor decide que não gosta de transportes coletivos; os avós lhe oferecem a alternativa de tomar táxi ou lhe permitem alugar carros, sem chofer e sem carta. Eles compram tudo o que ele lhes pede: material de vídeo, fotografia etc. E quando, às vezes, Victor rouba cheques da mãe com os quais compra, por soma considerável, miniaturas ou uma outra frivolidade, os avós reembolsam sem pestanejar. O pai diz: "Não é de admirar que Victor seja assim, com os avós que tem; aliás, é por isso que deixei minha mulher".

O terapeuta está em dificuldade: a atitude dos avós é chocante, assim como a passividade da mãe, pelo menos em relação a uma norma social. Mas a mãe nos adverte: "Eu não posso dizer a meus pais que eles procedem mal, eu sou sua única filha, eles são idosos, eu vou matá-los dizendo isso". Qualquer conselho de senso comum que lhe determinasse opor-se aos avós teria terminado em fracasso. Isso já fora tentado por vários profissionais, sem sucesso. É preciso encontrar uma forma de integrar a ajuda interna à família a qualquer proposição que se pretenda terapêutica. Na falta disso, o afrontamento entre os dois tipos de ajuda, claramente procedentes de dois mitos educativos, de duas normas incompatíveis entre si (mito familiar contra mito social) só poderia enrijecer ambas as posições e, portanto, terminar num novo fracasso.

Constatamos, pelo menos, que a barreira intergeracional não é muito respeitada! Para podermos trabalhar sem nos envolver em lutas moralizantes e estéreis com os avós, decidimos pelo seguinte enquadramento, apresentado à mãe e a Victor:

"Os conflitos e violências existentes entre vocês são chocantes e até inaceitáveis entre um filho e sua mãe. Mas se levarmos em consideração a estrutura particular de sua família, perceberemos que vocês, na realidade, são irmão e irmã: os avós são seus pais e vocês estão numa situação clássica de rivalidade fraterna, o que explica os conflitos."

Essa hipótese interessou-lhes. Eles decidiram deixar o apartamento que compartilhavam para irem para dois pequenos apartamentos. Victor tem dezessete anos; era uma decisão audaciosa que se viabilizava graças à ajuda financeira dispensada pelos avós às suas "duas crianças"!

Em conseqüência, e durante alguns meses, a situação se estabilizou. Victor não apresentava mais comportamentos suicidas, parecia ter retomado sua escolaridade, senão assídua, pelo menos existente. A mãe havia encontrado um novo namorado.

Mas, um dia, ela solicita uma entrevista urgente. Vem sozinha, e anuncia que decidiu interromper as entrevistas, que de nada servem. Victor é um doente; a prova é que ele vem me ver e eu sou psiquiatra; ela decidiu lhe dar medicamentos para sua depressão, renuncia a se opor às suas exigências, sejam elas quais forem; decidiu que ele terá um carro esporte porque é o que ele deseja... Eles estavam novamente em conflito e ela preferia parar de enfrentar o problema, dar-lhe medicamentos e lhe oferecer o carro exigido.

Fiquei consternado. Com o passado de Victor, não seria preciso muito tempo para que a dependência ocorresse: tranqüilizantes mais carro igual a acidente...

Espontaneamente, eu teria chamado o pai, pensando em uma internação de urgência. Mas eu a conhecia, sabia das qualidades de criatividade de que dera provas no passado. Por que ocorrera tal transformação em sua atitude, habitualmente confiante, levando-a a tomar essa decisão? Fiquei sabendo, então, que ela fora chamada ao colégio. Victor estava lá com muita freqüência à escola, e a mãe ignorava isso porque ele assinava todas as cartas que lhe chegavam, e ela só teve acesso a essa informação após ter sido convocada ao colégio. Lá ela levou uma descompostura e explicaram-lhe que era normal que Victor não tivesse nenhuma disciplina, porque não tinha homem em casa.

Então, eu lhe disse: "Tenho a impressão de compreender o que aconteceu hoje: você tentou soluções para ajudar Victor e foi fortemente criticada, sem que levassem em consideração todos os seus esforços. Pode-se compreender que tenha havido críticas porque eles não conhecem bem a sua situação, portanto, no limite, pode-se aceitar. Mas há uma coisa a respeito da qual você pode ficar tranqüila: é que você pode me contar coisas sobre Victor, como faz nesse momento, e eu não a acusarei em nenhum caso! Eu nunca estarei nesse lugar em que você está tentando me colocar ostentando uma pretensa imcompetência. Eu não vou substituí-la, você faz parte das três milhões de mães que criam seus filhos sozinhas, e isso não é patológico em si. Não é o caso de eu substituir uma figura parental qualquer". Ela deu um largo sorriso e o trabalho terapêutico pôde recomeçar.

A ajuda sem limites: a família Filostrato

Um último relato, o de um pai e uma mãe que têm dois filhos, Franck e Elisabeth.

Franck é um rapaz que, após estudos um pouco errantes, trabalha no setor imobiliário. Ele está constantemente em dificuldades e os pais o ajudam financeiramente. Ele é uma pessoa especial. Embora não tenha essas características físicas, identifica-se com o mito do "caubói". Recentemente, os pais lhe compraram um rancho, nos Estados Unidos, explicando que, talvez, não fosse um bom negócio, mas era difícil recusar ao filho as coisas que lhe davam tanto prazer.

A irmã tem um percurso mais patológico. Ela depende inteiramente de seus pais. Às vezes, decide ser independente, e isso quer dizer que ela anda três ruas adiante, se instala num hotel três estrelas, e manda que enviem a conta a seus pais. Após inúmeras discussões, os pais decidiram comprar-lhe um pequeno apartamento, no qual ela reside atualmente.

Resumindo rapidamente alguns eventos: Depois do hotel três estrelas, Elisabeth não queria mais voltar para a casa dos pais e se instalara na casa do irmão, que partira para os Estados Unidos para visitar seu rancho. Quando Franck, que nesse meio tempo se casara, voltou à França, ela obrigou o irmão e sua esposa a se instalarem na casa dos pais. Foi, então, que a questão do apartamento foi levantada.

O apartamento é bem-arrumado. Mas desde que ela se instalou nele, curiosos eventos tornam sua permanência problemática: ela pensa que os vizinhos a escutam, vigiam-na, e ela logo desenvolve um delírio de perseguição. Os pais se perguntam se não seria melhor comprar um outro apartamento, já que ela é infeliz neste. Eles são muito presentes na vida de Elisabeth e têm uma relação pluricotidiana ao telefone, e quando Elisabeth não dá notícias por mais de dois dias, a mãe fica tão angustiada que lhe leva comida, que coloca diante da porta com medo de ser mal-recebida, como é freqüente.

Elisabeth encontrou um amigo em um hospital-dia, seu equivalente masculino, um rapaz muito simpático, que vive habitualmente com a mãe. Eles constituem um casal bem extravagante. Coabitam por alguns períodos, pois ela não suporta que ele fique com ela por muito tempo. Recentemente, a mãe desse rapaz se inquietou: pensando que eles tinham relações sexuais e temia que acontecesse uma gravidez. Ela então, logicamente, telefonou à mãe de Elisabeth para lhe falar de sua inquietação. A mãe conta-me isso com um sorriso e acrescenta: "Mas ela não percebe que Elisabeth está na menopausa", pois eu deixei de especificar que Elisabeth tem cinqüenta anos, que os pais têm mais de setenta e Franck, 47!

Há trinta anos os psiquiatras tentam lutar contra o sistema de ajuda no interior dessa família, dizer aos pais que parem de dar e dar, mas o fato é que eles continuam e agora se sentem culpados por isso.

O que fazer? O que propor como ajuda, que seja aceitável e não redundante? Como deixar de refazer o que foi feito tantas vezes? Eles citam a lista dos mais célebres psiquiatras que já consultaram.

Entretanto, decidimos refazer uma anamnese centrada nessa relação de ajuda entre pais e filhos. A que podia remeter, nessa família, essa relação de ajuda, que nos impressiona por seu caráter ilimitado? Qual poderia ser a origem dessa situação, desse amor incondicional?

Os pais são de origem judaica. Ela é judia francesa, viveu toda a guerra e, durante o período de ocupação, foi pessoalmente ameaçada. Sua família, seus pais foram quase todos deportados para os campos de morte. Ele também é de origem judaico-americana, de família liberal. Fazia parte das tropas aliadas, mandadas de pára-quedas durante a guerra. Ela fazia parte da Resistência; seu encontro foi fulminante. Eles decidiram casar-se rapidamente, apesar das reticências da família dele. Seu amor recíproco jamais arrefeceu, apesar do tempo de sua relação e das provações da vida. Mas o passado doloroso dela sempre esteve presente. Ela viveu o fato de ter filhos como um milagre, crianças que não deveriam ter nascido, pois ela se considerava uma sobrevivente do Holocausto.

Parece-nos, então, que essa relação de ajuda ilimitada, essas manifestações de amor incondicional se estabeleceram num contexto particular, o de uma família na qual há uma cicatriz. Esse amor incondicional é, talvez, uma tentativa de cicatrizar a ferida aberta pelo ódio do qual a mãe e sua família foram objeto. Ódio também incondicional, no sentido de ser um ódio racista, que não visa alguém particularmente, mas um grupo de indivíduos "culpados antes mesmo de nascer". Toda ambivalência de sua parte, nesse contexto, era impossível. Esse mito de ajuda nunca pôde ser questionado. Perante uma situação assim rígida, e depois de tanto tempo, para nós não era o caso de tentar mudar fosse lá o que fosse.

Transmiti aos pais essa dúvida quanto às possibilidades de mudança, da seguinte forma: "Se é comprovado que essa ajuda ilimitada e incondicional é ligada a um amor também ilimitado e incondicional, cuja função é reparar os efeitos de um ódio racista ilimitado e incondicional, então, não vejo como alguém poderá dar-lhes um conselho para mudar alguma coisa! O que está em jogo é muito importante; em contrapartida, e aí talvez haja algo a fazer: poder-se-ia pedir aos seus filhos que parassem de querer mudá-los".

Não podemos interpretar esses constantes e renovados pedidos de ajuda, tanto os diretos, de Franck, ou os mais indiretos, de Elisabeth, como tentativas de obter uma mudança dos pais? Criar um momento em que eles possam dizer: "Pare, nós paramos". Aquilo que não podíamos pedir aos pais, podíamos pedir aos filhos, que estão a uma geração de distância. É um caso em tratamento. Nós somos reservados quanto ao prognóstico.

CONCLUSÃO

As respostas, nesses diferentes casos, podiam ser pensadas de um modo normalizante, do tipo "ortopedia psicológica". No primeiro caso elas foram, pois houve o corte com os avós, a criança foi internada. Foram prescritas, igualmente, na família em que prevalecia um amor incondicional, pedindo aos pais que deixassem de dar tanto aos filhos. Elas também são encontradas no caso da mãe sozinha, com o rapaz de 17 anos, com a idéia de que é preciso haver um pai; eu não sou contra os pais, mas pais sintéticos e "ortopédicos" não estou certo de que sejam muito funcionais. Proposições alternativas poderiam ser feitas.

Quando as proposições feitas àqueles que pedem ajuda são inacessíveis, você não os ajuda, mas, às vezes, simplesmente os deixa mais perplexos. *Eles sentem que você tem razão, mas não podem utilizar a sua razão.* A idéia é *tentar transformá-los de pessoas que pedem ajuda em utilizadores de ajuda.*

O interesse de reconhecer o mito de ajuda que se alinha atrás de cada pedido é que *cada pedido traduz o desânimo perante uma ajuda interna precedente, que fracassou ou que foi criticada.* A idéia é, pois, passar por esse conjunto de convicções míticas, pelo que constitui o coração do grupo, ou seja, seu motor. *Se um grupo não pode mais crer em seus valores, em seus modelos, ele tende a tornar-se trivial, passivo e as ajudas externas tornam-se extremamente difíceis.*

No caso do menino internado, creio que a fórmula adequada, na época, teria sido dizer: "Certamente, vocês escolheram uma forma de família ampliada, integrando a avó, mas é algo que vocês querem ver perdurar ou desejam, em certos momentos, utilizar um outro modelo, como o da família conjugal?" Colocado em termos de escolha, penso que isso teria sido bem menos "intoxicante". Da mesma forma, ter mostrado à mãe de Victor que o mito da paternidade podia ser superado, permitiu-lhe ser novamente criativa. Igualmente, para Elisabeth e seu irmão, não ter mais pais constantemente criticados, mas serem simplesmente confrontados com o inelutável lhes permitirá, talvez, desenvolver uma outra mítica relacional.

O pedido de ajuda pode aparecer como uma via de acesso ao mito familiar, desde que ele não seja substituído pelo mito profissional, que sustenta as ofertas de ajuda dos "ajudantes" sociais, educativos ou psiquiátricos.

4

Os Terapeutas e as Famílias Pluricompostas

Robert e Michèle Neuburger

INTRODUÇÃO

Chamaremos de famílias pluricompostas, em vez de famílias recompostas (termo utilizado mais habitualmente, mas que nos parece comportar uma conotação mais negativa), os grupos familiares de "pais", cônjuges ou companheiros que já têm, de uma união precedente, um ou mais filhos.

Esses grupos apresentam problemas igualmente conhecidos nas "primeiras" famílias, mas cuja ocorrência parece claramente mais freqüente. Entretanto, os mesmos problemas podem ser mais difíceis de resolver em uma família pluricomposta.

Atendemos, em consulta, uma proporção importante de famílias pluricompostas. Isso não significa, em nossa opinião, que elas sejam mais disfuncionais, mas que consultam mais facilmente ou, melhor, que são mais facilmente encaminhadas a consultas: foram mais criticadas pelo exterior e pelas famílias de origem, ou são alvo dos "mitos profissionais" dos interventores sociais ou médicos.

Sem poder afirmar com certeza, verdadeiramente, parece não haver mais filhos com problemas nas famílias pluricompostas do que nas outras famílias. Em contrapartida, a maneira como os problemas são definidos é, em geral, diferente; e isso é lógico, quando se compreende a *patologia como um modo de adaptação a situações específicas.*

Em nossa experiência, as dificuldades são mais marcantes quando as famílias reconstituídas *tentam imitar uma família "clássica", ou seja, negar sua especificidade.*

Embora as famílias reconstituídas nos consultem com freqüência, não é fácil ajudá-las. Parece que essa é uma experiência comum

61

aos terapeutas familiares. A dificuldade não é demarcar os pedidos de ajuda; ela está na adequação entre pedido e oferta de ajuda.

Esboçaremos algumas hipóteses para descrever essa dificuldade, depois daremos algumas sugestões para ajudar os terapeutas que se confrontarem com esses problemas clínicos.

POR QUE É TÃO DIFÍCIL AJUDAR AS FAMÍLIAS PLURICOMPOSTAS?

Com freqüência, essas famílias julgam-se fora da norma, portanto, são mais sensíveis àquilo que o exterior ou elas mesmas podem definir como fracasso. Aquilo que para uma família bem alicerçada, segura de seu direito de existir será considerado como uma tormenta passageira, por exemplo, um filho em dificuldade pode, para uma família pluricomposta, ser vivido como um fracasso, que revela "a ilegitimidade" do grupo, questionando sua própria existência. Essa *descrença* no grupo será ainda mais brutal quanto mais o grupo tiver sido "miticamente" investido.

E é justamente por se julgarem frágeis que será particularmente difícil ajudá-las.

De fato, como já expusemos anteriormente, o que constitui a identidade de um grupo é sua capacidade de preservar uma "intimidade" grupal ou para o grupo, uma forma de opacidade, que permita distinguir o interior do grupo do mundo exterior banal ou banalizante.

Pedir ajuda é uma coisa, utilizá-la é outra... Se o profissional solicitado compreende a situação e, sobretudo, se ele a decifra, torna-se um perigo para o grupo: tendo acesso à sua intimidade, ele pode, com essa invasão, destruir o pouco que resta ao grupo para assegurar sua sobrevivência, ou seja, suas idiossincrasias, suas particularidades, aquilo que permite aos membros do grupo se reconhecerem entre si, uma certa maneira de ser, de crer, de se mostrar. Dizendo de outra maneira, o profissional arrisca pôr em perigo o que resta dos mitos e rituais próprios ao grupo.

Por isso, não é de admirar que propostas terapêuticas razoáveis, soluções de bom senso oferecidas às famílias pluricompostas possam não somente ser ineficazes, como agravar a situação.

COMO AJUDAR AS FAMÍLIAS PLURICOMPOSTAS?

A questão das famílias-modelo e modelos de família

A sociedade, da qual somos representantes, veicula um discurso comum, uma ideologia, crenças compartilhadas, um mito (esses termos são mais ou menos equivalentes) que tendem a erigir a *família conjugal*, termo forjado por Lévy-Brühl para descrever as formas familiares reduzidas, a tríade PMF (pai, mãe, filho) como *protótipo* de todas as famílias.

A idéia de que a família conjugal seja o modelo familiar por excelência costuma ser compartilhada por famílias de diferentes tipos, por exemplo, as famílias pluricompostas, que vão participar da mesma crença.

Os atuais preconceitos sociais sobre o primado da família conjugal costumam ser compartilhados por famílias pluricompostas, por instâncias educativas e até por terapeutas.

É realmente curioso que nunca se diga a uma criança: "Você vai mal porque seus pais estão unidos e casados", mesmo que, às vezes, possa se pensar isso... e que poucas pessoas evitem dizê-lo ou pensá-lo, no caso das famílias pluricompostas, do mundo externo, como terapeuta, até no interior, a própria família lê sua dificuldade como se estivesse ligada à sua especificidade. É isso que, no jargão da terapia familiar, chamamos designação exterior da família pluricomposta ou autodesignação pela própria família.

Portanto, é preciso conhecer esse *contágio projetivo* por certas famílias, que nos elegem, com freqüência, à nossa revelia, como juízes, mais do que como terapeutas.

É bom saber que esse mito do primado da família conjugal é recente. Às vezes, não há nada mais recente do que a tradição. Um mito é a idéia de um mito, é o esquecimento de que as normas não foram sempre essas. "A tradição é a transmissão daquilo que é preciso esquecer para manter o mito."[1]

O aparecimento da célula conjugal constituída como família é recente e corresponde à fase da industrialização na Europa, e ao movimento de migração do campo para as cidades. Esse movimento foi acompanhado pelo abandono progressivo do modelo ideal de fa-

---

1. R. Neuburger. "Mémoire familiale". *Mémoire et vieillissement*. Congresso Nacional de Gerontologia, Paris, 1991.

mília, que devia ser patriarcal e ampliada, tendo por modelo a família camponesa. Os dois modelos coexistiram durante um tempo, como normas sociais de boas famílias, depois a família conjugal urbana prevaleceu. Mas trata-se de um *acidente da história*, que não pode ser interpretado em termos de progresso: a célula conjugal tipo PMF, segundo os etnólogos e sociólogos, nunca constituiu o arquétipo da família, ainda menos seu ideal. Quanto mais se volta no tempo, mais se exploram outros mundos além do Ocidente e menos encontramos esse modelo, não somente atuante, menos ainda como norma. Em contrapartida, encontramos uma profusão de formas familiares ampliadas, com as quais se parece a família pluricomposta!

O modelo mais difundido no mundo é o da família ampliada.

Enquanto a família conjugal evoca vínculos pessoais, *relações* entre seus membros, a família classificatória evoca, para além de um parentesco pessoal, um parentesco *categorial*, de irmãos, por exemplo, até de clã.

São dois modelos de famílias muito diferentes, um implicando a primazia das relações pessoais, o outro, o de uma identidade categorial comum.

Esse breve retrospecto tem por objetivo enfatizar que, evidentemente, há vários modelos de famílias, mas que em nossa cultura o parentesco relacional, ilustrado pela família conjugal, parece curiosamente beneficiar-se de uma preferência, embora ela seja apenas reflexo de um momento relativamente curto da história.

Talvez, daqui a alguns anos, ela apareça como um modelo arcaico e, quem sabe, as famílias pluricompostas surjam como a norma.

Intervenções específicas no plano clínico

São famílias encaminhadas talvez mais facilmente em caso de dificuldade.

Três casos clínicos ilustram três pólos que observamos:

A família Ermia

O marido e a mulher têm, cada qual, uma família, com três crianças de cada lado. Eles tiveram um encontro "marcante" e logo passaram a viver juntos. Quando vieram para a consulta, ela se apresenta como uma grande doente psiquiátrica, fica reclusa em casa, evoca o diagnóstico de psicose histérica.

Descobrimos que seu comportamento se seguiu a uma situação muito confusa, em que o casal acolheu em sua casa os filhos de um, e um ou outro dos filhos do outro. A mulher se sentiu "sufocada" e pode ver o marido só nas visitas, quando está hospitalizada.

Podemos formular a hipótese, confirmada pelos dois, de que o sintoma dela é produto de um conflito "ideológico" a respeito da finalidade desse grupo pluricomposto: para ela, o mito familiar se completa com o sucesso do novo casal, enquanto que ele pensava constituir uma família tipo "Arca de Noé".

Encontramos aqui um problema que as famílias pluricompostas, talvez, encontrem mais freqüentemente do que as outras: casal *versus* família.

Esse problema pode apresentar-se em todas as famílias, mas é talvez mais ativado nas pluricompostas, pelas crianças em particular, e, com freqüência, menos facilmente explicitado pelos pais.

A Família Elena

Os pais pedem uma consulta para seu filho, Pierre, de treze anos. "Ele é impossível", dizem, "só faz o que lhe dá na cabeça, incomoda todo mundo em casa, cria conflitos com os irmãos, provavelmente é doente, pois faz tudo isso".

Trata-se de uma família pluricomposta. Em casa vivem um filho de vinte anos, de um primeiro casamento dele. Pierre, o paciente identificado, tem também um irmão pequeno, com dois anos e meio, nascido, como ele, do atual casal.

Os terapeutas ficam admirados com a veemência designativa parental. Pierre tem todos os defeitos; ele é mau, dissimulado, colérico, louco. No entanto, o que surpreende os interventores é, pelo contrário, o aspecto aberto, inteligente de Pierre, que, aliás, é claramente mais bonito do que seu meio-irmão mais velho.

As queixas parentais a ele concernentes, em certos momentos, se transformam em um outro discurso, em que se "compreende" Pierre, que podia ter aceitado mal o nascimento do irmãozinho, mas ele não quer que se fale nisso, diz a mãe.

Esse duplo discurso parental parece-nos encerrar Pierre numa rede comunicacional próxima do duplo vínculo. Percebemo-lo em perigo psíquico. Os comportamentos "estranhos" para os pais só podem se ampliar, em particular, pelas tentativas de Pierre de perceber o mistério das condutas "estranhas" dos pais em relação a ele.

Foi decidido propor uma hipótese para dar conta daquilo que pode-se chamar, no mínimo, de ambivalência dos pais em relação a ele. Foi-lhe dito o seguinte: "O problema deles é preservar a harmonia familiar numa família pluricomposta. A prova do sucesso dessa recomposição parece ser, para eles, *a convivência pacífica entre as crianças dos dois leitos diferentes*. Então, é muito importante para eles não demonstrar preferência: como Pierre era o filho biológico do novo casal, os pais teriam podido privilegiá-lo, ou ele espera um tratamento privilegiado. Isso podia explicar a intensidade de sua atitude crítica em relação a Pierre, para tranqüilizar o filho mais velho, mas, igualmente, e pelas mesmas razões, sua atitude compreensiva para com Pierre, que podia se sentir lesado com a chegada do irmãozinho".

A igualdade entre os filhos foi aqui "mitificada", tornou-se, ao mesmo tempo, prova do sucesso do novo casal e sua justificativa. Compreende-se a importância do jogo das manobras para obter a igualdade entre os irmãos, manobras que chegam até a negar a evidência das diferenças! Expressar esse jogo, valorizar a noção de pluricomposição pode permitir à nova família sentir-se "autorizada", reconhecida, e, portanto, desdramatizar a necessidade de uma justificativa *a posteriori* de sua decisão, pelo sucesso dessa abolição das diferenças entre os filhos, que substituía o mito de pertencimento.

A família Demetrio

A consulta foi pedida por um casal de universitários. Ela se separara de seu primeiro marido, e depois ele morrera, deixando-a com seu filho, atualmente com vinte anos. Ela voltou a se casar, e o novo marido, o filho e a mãe vivem muito mal juntos, num mundo fechado, violento, cego. São múltiplas as cenas de violência, principalmente entre o padrasto e o jovem. Este último herdou do pai e, apesar de brilhante antes, parece agora muito pouco motivado para os estudos e passa seus dias dormindo em casa, começando uma carreira de recluso.

Podemos fazer aparecer ou criar... e reformular "a idéia generosa que eles tiveram de formar uma família, um lar como os outros", uma "verdadeira família conjugal", mas o comportamento do filho sabotava essa nova família, que negava a precedente.

Então, prescrevemos um ritual familiar:

— Uma reunião da nova família uma vez por semana, para fazer projetos.

— Uma reunião da antiga família, mãe e filho, para falar do passado.

Aqui, como no caso de inúmeras famílias pluricompostas, a escolha feita fora a de negar o passado.

O terapeuta propôs um ritual que confirma passado e futuro.

À GUISA DE CONCLUSÃO

As famílias pluricompostas, que somos levados a encontrar por causa de vários problemas, costumam estar convencidas de que a fonte das dificuldades é, afinal, a própria pluricomposição, ou então elas encontraram profissionais que pensavam assim.

Logicamente, elas vão pensar que compartilhamos das mesmas convicções. Portanto, é útil e até necessário, num primeiro momento, validar ou revalidar os grupos familiares pluricompostos e, para isso, tentar demarcar o mito ou os mitos que garantiram seu fundamento, a fim de livrá-los da pressuposição da crítica ou da autocrítica, que os constituiria como disfuncionais *pelo fato* de serem famílias pluricompostas.

E isso, mesmo que as famílias pluricompostas tenham também suas especificidades, em particular na gestão da história de seu grupo, das relações com o antigo cônjuge, filhos do outro etc.

Num segundo momento, como a família foi reconhecida como grupo válido, pelo terapeuta e por ela mesma, será mais fácil abordar os problemas que ela enfrenta (tensões entre vida de casal e vida de família, relações difíceis entre os filhos ou com os filhos, que não são específicos de famílias pluricompostas), que poderão ser evocados e até resolvidos.

Referências Bibliográficas

LACAN, J. *Les complexes familiaux*. Paris, Navarin, 1984.

NEUBERGER, M. "À propos des couples". *Études psychothérapiques*, 43, mar., 1981.

NEUBURGER, R. *L'irrationnel dans le couple et la familie*. ESF ed., 1988

5

Adoção e Mito de Verdade

As disfunções de um filho adotivo são, em geral, inaceitáveis e denunciadas com violência pelos pais adotivos, pois o que está em causa não é somente o estado do filho, suas próprias dificuldades: elas são interpretadas como o fracasso de um grupo familiar, que não esteve à altura de seus próprios valores míticos.

Em certos casos, a adoção pode ser um elemento mítico, suporte da identidade do grupo familiar, valorizando qualidades tais como a solidariedade, a generosidade. Em caso de dificuldades, são observados comportamentos irracionais, que levariam a pensar que a adoção é um fracasso, quando se trata, bem mais, de reações de um grupo específico a uma expectativa "mítica". Em caso de mal-entendido quanto à natureza da ajuda esperada, as reações sociais podem ser desestruturantes.

O Problema

O senhor e a senhora Lisandro têm ambos cinqüenta anos, são administradores de empresa, loiros e grandes. Por razões não especificadas, seu casamento permaneceu estéril, embora ambos desejassem ter filhos. Então, voltaram-se para o procedimento da adoção.

Adotaram, sucessivamente, Ahmed, registrado como Alain, que era marroquino e tinha, então, alguns meses. Alguns anos depois, adotaram Amina, quem deram o nome de Ève. Eles vêm em consulta por causa de Alain, cujo comportamento violento os inquieta. Alain tornou-se um garotão de quinze anos, mede 1,75 m, é muito musculoso, bem moreno, de cabelos e de pele. Sua aparência contrasta, evidentemente, com a dos pais adotivos. Ève é bem mais clara e miúda.

O problema alegado pelos pais é o clima de terror que reina, por causa de Alain. Ele se mostra exigente, tirânico, ameaça ou grita diante da menor contrariedade. Todos temem uma escalada da violência.

O terapeuta que relata o caso está muito inquieto. Eles os viu duas vezes. No intervalo entre duas sessões, as violências aumentaram. A mulher decidiu deixar a casa com a filha e alugou um pequeno apartamento, onde ambas se escondem. O marido ficou para enfrentar Alain. Fez mal, pois o garoto lhe quebrou o braço num acesso de cólera. E, no entanto, esse comportamento de Alain não é generalizado: ele é bem integrado em seu meio escolar, tem amigos. Suas violências são centradas no círculo familiar.

Elas começaram há dois ou três anos, muito progressivamente. Os pais não têm fatos marcantes para relatar. No máximo, o pai vê o mal-estar do filho quando eles passeiam juntos; o olhar dos passantes diante de uma dupla tão contrastante. Ele mesmo sente um mal-estar quando eles encontram amigos de seu filho.

As relações com a mãe são quase nulas. Ela o teme e evita-o há muito tempo, consagrando seu tempo à irmãzinha, com a qual Alain se mostra irritante, tirânico, às vezes violento. Ève diz que o teme e que fica feliz quando ele não está em casa.

Esse caso está longe de ser único. As escaladas de violência nas famílias adotivas são freqüentes e suscitam questões. Essas famílias não apresentam patologia particular, que permitiria antecipar ou explicar a situação. Se elas se mostram rejeitadoras, a situação torna-se efetivamente insuportável.

É sempre possível imaginar uma antiga ambivalência, de sua parte, em relação ao filho adotado, até em relação à adoção. Mas, por um lado, a ambivalência em relação aos filhos é constante, inclusive com filhos "biológicos", e, por outro lado, esse tipo de explicação, em que *a posteriori* o comportamento é de uma alegada intencionalidade preexistente, parece pouco séria: haveria aqui um princípio gerador de violência! Esse gênero de explicação só tem efeito de culpabilização e, portanto, tem poucas chances de modificar a situação.

Os colegas interrogados sentem que estão enfrentando situações específicas. O tom muito particular da exasperação recíproca, do desespero e do efeito sempre negativo desse modo de expressão das reinvidicações do filho adotado causam perplexidade. Por que tais famílias, que não apresentam, uma vez mais, traços patológicos particulares, para as quais a adoção desejada se desenvolveu em condições satisfatórias, encontram-se em tais escaladas simétricas que, em geral, terminam mal, com hospitalizações em instituição psiquiátrica?

Um traço comum a todas essas situações pareceu-nos, como uma hipótese, uma pista interessante. Em todos os casos encontrados, os filhos eram "desde sempre" informados de que eram adotados. Isso, habitualmente, é considerado como um ponto positivo.

Atualmente, convencionou-se que é importante não criar um não-dito no âmbito da filiação e revelar o mais cedo possível a "verdade" aos filhos adotivos (é curioso que ninguém tenha pensado que seria lógico informar um filho biológico sobre sua filiação "natural", já que muitos filhos se colocam dúvidas a respeito...).

Esse princípio, de revelar a verdade, que se tornou uma evidência após os anos 70, não o era antes, e, por razões também vagas, em geral era aconselhado calar-se a respeito da filiação e revelá-la tardiamente, a fim de que eles não se sentissem diferentes dos outros membros da família ou dos colegas da escola, por exemplo...

Não dizemos que a revelação da filiação seja nociva em si, de alguma forma, mas convém questionar-se perante um ponto de vista tão variável sobre a revelação ou não, sobre os efeitos de uma atitude sistemática tanto de um lado como do outro.

A questão colocada aqui é a vinculação, que talvez fosse bom fazer, entre uma revelação sistemática e precoce e, sobretudo, o *modo da revelação*, e o aparecimento de comportamentos violentos.

Adoção, Filiação e Verdade

A verdade da filiação não é sempre evidente nem simples, sem levar em conta as procriações dos diversos tipos, medicamente assistidas. E para ficar na filiação adotiva, citemos o caso de um casal encontrado recentemente.

Trata-se de uma união tardia, entre uma senhora de origem africana e um antigo seminarista, ambos com quarenta anos. Esse casal, muito simpático, tem uma filha com oito anos. Eles estão muito preocupados com ela, embora ela não apresente qualquer perturbação. Eles temem os efeitos de um não-dito no âmbito de sua filiação. Foram aconselhados a explicar à filha sua filiação, mas esta, dizem eles "não quer ouvir nada". Eles estão, por isso, muito inquietos com seu futuro! Ora, qual é a situação dessa criança? Aquela senhora nunca fora casada antes, mas desejava muito ter um filho. Sua mãe, um dia, informou-a de que uma de suas empregadas estava grávida e não desejava ou não podia manter a criança. A senhora imediatamente se propôs a adotá-la, mas, por motivos de comodidade legal, pareceu-lhe mais simples declarar a criança recém-nascida como sua, como se ela mesma a tivesse parido. Quando do casamento, ocorrido alguns anos mais tarde, pareceu-lhes igualmente mais cômodo que reconhecessem legalmente a menina como sua. Essa criança é, pois, considerada legalmente filha legítima, biológica, de seus dois pais, quando não é nem de um nem de outro! Pode-se imaginar a perplexidade da menina ao enfrentar as explicações que lhe dão aqueles que, para ela, são e continuarão sendo seus pais!

Uma vez mais, para nós não se trata de negar a necessidade de revelar a filiação de uma criança, mas parece-nos que há prioridades, particularmente, a de assegurar, antes, a solidez dos vínculos entre a criança e sua nova família, se se tratar de uma adoção, e de se estar seguro de que o "enxerto mítico" vingou, que existe certa segurança quanto ao vínculo de pertencimento familiar.

OS MAL-ENTENDIDOS DA FILIAÇÃO: "VOCÊ É UM FILHO ADOTIVO"

É possível colocar a questão em termos menos cortantes do que Cyrulnik,[1] mesmo porque parece-nos que o problema seja menos contar o fato da filiação — como a revelação de uma filiação adotiva — do que o conteúdo, aquilo que é realmente transmitido ao filho quando se pensa em dizer-lhe a verdade. De fato, com freqüência, comunica-se ao filho que ele é "adotivo". Essa formulação parece-nos problemática em mais de um ponto, podendo até mesmo estar na origem de mal-entendidos, até de violências, como no caso citado anteriormente. É, pelo menos, a hipótese que propomos. De fato, a fórmula implica a existência de um estatuto particular, o do filho

---

1. A opinião expressa por B. Cyrulnik é a seguinte: "Acompanhamos pais adotivos de crianças estrangeiras que encontraram as famílias e lhes deram cartas e fotos para que tivessem notícias do filho. Outros, pelo contrário, recusaram-se a encontrar os pais biológicos. Observou-se que é no grupo das crianças que ignoram sua origem que o vínculo se estabeleceu da melhor forma" (*Les nourritures affectives*, O. Jacob, 1994, p. 80).

adotado, a distinguir do de outros filhos, que gozariam de um outro estatuto, de filhos "legítimos" devido ao vínculo biológico. O filho adotado vai, na maioria das vezes, concluir pelo primado do biológico, apesar ou talvez em razão das negativas dos pais. Nada mais lhe restará, então, do que provar a justeza de sua opinião, ou seja, que ele não é amado por si mesmo, como um filho biológico, mas em razão de sua aptidão a dar prazer aos pais adotivos. Ele vai pôr à prova o amor alegado pelos pais, com provocações e passando a agir. Uma vez atingidos os limites de tolerância dos pais, ele sentirá confirmada sua hipótese, a saber, que não é realmente amado. Nada lhe restará senão vingar-se![2]

Esse cenário catástrofe, no entanto, não é inevitável, mesmo quando a origem adotiva é revelada. O mal-entendido repousa, a nosso ver, num desconhecimento amplamente partilhado, inclusive, pelos operadores sociais ou psiquiatras, sobre certos fatos da filiação. Para compreender esse ponto, um pequeno desvio histórico é necessário. Voltemos ao tempo de Roma e da *família* romana. Como todos sabem, era um sistema patriarcal em que o *pater familias* dispunha de um poder amplo. A noção de *pater familias* não se superpõe ao pai atual: era o chefe de um grupo familiar, comportando as filhas, seus cônjuges e filhos, mas também "famílias", aliados de origem vaga, os escravos, alguns escravos libertados, adotados...

Entre os poderes de que dispunha o *pater familias*, havia o de decidir o direito de qualquer um, mesmo que fosse uma criança recém-nascida de uma das filhas, a entrar para o grupo, a fazer parte da *família*. Esse poder se exercia sob a forma de um ritual, em que a criança recém-nascida lhe era apresentada com certa solenidade. Quando o sexo, o comportamento ou um defeito físico o indispusesse, o *pater* tinha o direito de decidir que a criança não entraria para a família, o que significava, na maioria das vezes, a morte da mesma, que era, então, "exposta".

---

2.   Para ilustrar esse preconceito do primado do biológico, citemos uma pesquisa realizada na Polinésia, onde as adoções são freqüentes. À questão proposta de saber se as crianças adotadas teriam preferido ser criadas em sua família natural, 70% responderam positivamente, mas, curiosamente, à questão de saber se elas foram felizes em sua família adotiva, 65% responderam também positivamente, enquanto entre as crianças criadas em sua família de origem, só 40% pensam ter sido felizes na infância!

Mas ele podia, igualmente, decidir pelo ingresso no grupo de crianças, até de adultos, não biologicamente ligados. A adoção de membros estranhos era freqüente; ou ainda, libertar um escravo consistia, em lhe propor, ao mesmo tempo, a entrada para a família.

Apresentamos esse exemplo para introduzir um ponto fundamental: *em matéria de filiação, importa distinguir o modo de ingresso para o grupo familiar e a natureza dos vínculos de filiação.*

Na *familia* romana, a entrada para o grupo não estava ligada ao biológico, mas à *vontade do pai.* A natureza dos vínculos estabelecidos entre esse pai e os diferentes membros do grupo não era predeterminada. Esse vínculo era profundamente desigual e a entrada para o grupo não era acompanhada de qualquer ilusão: a sorte de cada um estava ligada à vontade do pai. Isso devia ser, pelo menos, gerador de ambivalências, como pôde experimentar Júlio César, cujo *Tu quoque, fili mi!* ("Você também, filho meu"), marca o espanto de um pai perante um filho adotivo cujos desejos parricidas foram afirmados...

A adoção não é simplesmente um modo de reparação para casais com dificuldade de procriar. É, originalmente, um modo de reparação das famílias, respondendo a uma dupla necessidade: estabelecer uma descendência para assegurar a transmissão do patrimônio, e se preocupar com o repouso da alma dos pais, com a transmissão da lembrança.

Mais tardiamente, a adoção foi um modo de reparação social: permitiu que as crianças órfãs de guerra, mas também desamparadas ou abandonadas, encontrassem um lugar na sociedade.

A adoção era feita em proveito dos adotantes e dos adotados: se a criança encontra um lar, sua chegada possibilita a um casal criar uma família! A adoção constitui uma família, com a chegada de uma criança.

A vontade do legislador é, a partir da entrada de uma criança em sua nova família, apagar toda diferença entre ela e um filho biologicamente concebido. A adoção plena acarreta uma filiação plena: o filho adotado torna-se, por esse fato, neto dos pais dos adotantes, com todos os direitos, inclusive a sucessão.

Portanto, não se pode falar de um vínculo particular, que distinguiria o filho adotado do filho "legítimo", quanto às relações com os membros da família. *A diferença está exclusivamente no modo de entrada na família.* Essa diferença é menos importante do que parece: de fato, o que determina a chegada de uma criança numa família, mesmo que ela seja biologicamente ligada aos pais é, como na adoção, um ato que expressa a vontade dos pais de registrar essa criança como filho, ato cuja importância simbólica se subestima, de tanto que se banalizou, a saber, a declaração que é preciso fazer no registro civil. A família humana é, antes de mais nada, cultural. Não há qualquer primado do biológico. A única diferença entre uma filiação adotiva e uma filiação biológica refere-se à natureza do ato, formalizando a entrada no grupo. Num caso, é um ato que substitui outro, estabelecido precedentemente e, no outro, é um ato primeiro.

O filho adotado goza dos mesmos direitos e dos mesmos deveres do filho biologicamente ligado, inclusive dos deveres de alimentação em relação aos pais.

Assim, é injusto e inexato dizer a um filho que ele *é* "adotado", deixando-o pensar em uma natureza particular dos vínculos, que faria dele um eterno convidado, obrigado a justificar sua presença por uma conduta particular, quando é um filho como os outros. Todo filho, qualquer que seja o modo de procriação, entra na família por um ato civil. Mais do que lhe explicar que ele *é* um filho adotado, é lícito e legítimo explicar que *ele entrou em sua famíllia por adoção*, família que às vezes foi constituída com sua chegada.

Essa distinção que, parece-nos, deve haver entre modo de entrada em uma família e a natureza dos vínculos intrafamiliares permite desdramatizar não somente as adoções, mas também as situações de procriação assistida, até o caso dos filhos do *freezer*, como nós os chamamos, filhos decorrentes de complexos processos técnicos!

O filho adotivo não deve esperar qualquer vantagem particular; sua presença em sua família não é mais ligada ao "desejo dos pais" do que a de qualquer outro filho, sobretudo com os meios atuais de controle da fertilidade. Se ele agride os pais, lesa sua própria família, da qual faz parte, considerando-se que uma família não se reduz ao triângulo pai, mãe, filho.

Nessas condições, uma vez que a criança foi admitida, registrada em seu pertencimento, os motivos de um escalada de violência se esvaem. Por essa razão, nenhuma ideologia de verdade pode nem deve ser imposta aos pais adotivos. A urgência, em caso de adoção, é a criação do vínculo, não somente com os pais, mas do filho com seu grupo, o que eu chamo de "enxerto mítico".

O Enxerto Mítico

Pertencer a um grupo é, decerto, alienante: supõe um certo conformismo de idéias e atitudes. Desde que se queira pertencer a um grupo, convém mostrar que se partilha certas idéias, convicções, crenças concernentes ao grupo, mas também certa *Weltanschauung*, ou concepção de mundo. Essas crenças estão ligadas àquilo que convém chamar de "mito grupal". A entrada em todo grupo é acompanhada de um ritual, uma forma de pagar com algo de si para obter reconhecimento.

Como o modo de entrar costuma ser mais ou menos seletivo, implica sempre uma fase de observação, antes da inserção definitiva no grupo. Um grupo humano é uma estrutura frágil; ele repousa, essencialmente, na convicção de uma diferença em relação ao resto do mundo, os não filiados! Portanto, é preciso verificar se o novo filiado se comporta, no que se refere a isso, de forma adequada, respeitando essa diferença. Em troca, o afiliado receberá um reconhecimento de seu pertencimento, portanto, vantagens que não estão ligadas a um mérito pessoal, salvo se este for um pré-requisito para a entrada no grupo, mas às qualidades de fidelidade ao grupo, de que ele soube dar provas.

Essas vantagens dependem da natureza do grupo: proteção ou assistência em certas sociedades de ajuda mútua, vantagens ligadas às "relações", que se pode estabelecer no grupo etc.

A família é um grupo particular, sobretudo no que diz respeito ao modo de entrada: não é o único, mas é um dos raros grupos em que o desejo de pertencimento de seus membros é pressuposto. Convém, aqui, não confundir registro legal e pertencimento ao grupo: desde o nascimento e, às vezes, mesmo antes, serão atribuídas à criança qualidades, particularidades que ligam-na ao grupo, sinais físicos ou psíquicos que lhe são atribuídos e que a tornam "familiar", que lhe conferem vantagens e deveres.

Queremos sublinhar que os "laços de sangue" ou a cor da pele não têm grande coisa a ver com esse processo puramente imaginário. Prova disso é um caso relatado por um colega: uma dessas situações de escalada de violência em uma família adotiva.

O casal adotou duas crianças de origem asiática. Eles são de tipo europeu. Os filhos têm catorze e doze anos, chamam-se, respectivamente, Daniel e Pierre. Foram adotados por volta dos dois anos de idade e são irmãos biológicos. Os pais estão desesperados, não sabem mais como reagir diante das violências verbais e físicas demonstradas pelos dois filhos, mas, sobretudo, o mais velho. O terapeuta propõe que as violências estejam ligadas ao fato de os filhos preservarem os pais biológicos. Pensamos o contrário, que há um problema de "pertencimento", que os pais respeitaram por demais a origem dos filhos, em detrimento do estabelecimento de sólidos vínculos de "pertencimento".

Esse respeito pelas diferenças ligadas à origem étnica dos filhos impediu o "enxerto mítico", o processo imaginário que leva uma criança a entrar em seu grupo familiar, que a situa em uma filiação.

Por insistência nossa, o terapeuta aceita, na sessão seguinte, fazer aos pais a seguinte pergunta: "Com quem se parece Daniel?". Um grande silêncio se seguiu à pergunta. Depois, de repente, a mãe toma a palavra e, diante do pai e dos filhos... e da terapeuta admirados: "Há algo de que eu nunca falei, nem com o meu marido. Daniel é o retrato de meu irmão! Eles têm a mesma violência, são ambos coléricos, irascíveis, mesmo se no fundo têm um bom coração... Eu penso que isso vem de meu avô, que era militar!".

Na sessão seguinte, pediu-se aos filhos que fizessem, com a ajuda da mãe, uma pequena pesquisa sobre o tal avô, seu avô. Eles chegaram com as medalhas e as fotos do avô vestido de oficial. Muito se falara sobre a saga do avô. Ao mesmo tempo, as violências intrafamiliares pareceram cessar. Os pais se mostram menos identificadores.

O processo de "enxerto mítico" é introduzido, processo que os pais não ousaram impor, paralisados que estavam pela preocupação de preservar a verdade de uma filiação biológica de filhos adotados.

Um outro caso:

Uma família "conservadora" adota duas crianças. Problemas mais graves surgem com o mais novo, Romain, que atualmente tem quinze anos de idade. Ele é reputado violento, fora das normas, recusa-se a ir à escola, exibe um canivete em casa diante da menor contrariedade. Há anos ele é objeto de tratamentos pedagógicos e psicológicos. Atualmente, está sem terapia, vagueia o dia inteiro pelo mercado, no centro de Paris, onde ele diz ir "observar a população, modos de vida que ele não conhece"... O menino não é harmonioso. Tem o jeito de um pequeno vadio e a linguagem de alto um funcionário. A família diz que ele é difícil, mas que isso é normal, pois é adotado. Eles devem ser tolerantes, como uma boa família adotiva deve ser. Romain desobedece os pais constantemente, mas eles não o castigam nunca, pois, para eles, esse é o estado normal de um menino adotado. O círculo vicioso entre transgressões de Romain e tolerâncias familiares desencoraja os profissionais, que definem o comportamento parental como irracional, até perigoso, e acabam pensando em uma internação, julgando a adoção um fracasso.

O juiz da vara de família interfere. Entrevistas familiares são realizadas. A confiança estabelecida entre os terapeutas familiares e a família permite ter acesso a elementos mais específicos do grupo familiar.

Essa família (como todas as outras) apresenta características específicas, além das particularidades: os membros da família, os pais em particular, pensam ser os depositários de valores atualmente desconhecidos ou ridicularizados: o fato de adotar é, para eles, uma forma de ajudar uma sociedade decadente. Pode-se pensar que, feridos por seu fracasso em "arrumar" o menino adotado, eles escolheram uma atitude de pseudotolerância, reforçando seu narcisismo familiar, seu mito de pertencimento, agüentando um representante desse mundo exterior, que eles consideram negativamente: o filho adotado.

A situação foi radicalmente mudada após um reenquadramento pelos terapeutas, que puderam mostrar que o ritual da adoção funcionara, contrariamente àquilo que os pais pensavam: os terapeutas puderam observar que Romain, assim como os outros membros da família, queria consertar os marginalizados, por ocasião de suas vagabundagens, e talvez até consertar a sociedade; logicamente, com seus próprios critérios...

Esse reenquadramento específico inseriu — pode-se esperar que de forma definitiva — Romain em sua nova filiação. Ele parece, até agora, após um ano, ter reencontrado um comportamento mais banal, normal. Aquilo que os terapeutas disseram permitiu *tecer o vínculo* entre o ritual de adoção e um complemento mitico, uma renarcisação esperada e necessária para o grupo; é o que chamamos de "enxerto mítico".

CONCLUSÃO

Em situações de violência, como podem ocorrer nas famílias adotivas, algumas são, senão geradas, pelo menos facilitadas pela violência social constituída pela norma educativa de uma época, projetada de forma não homogênea sobre todas essas famílias. Essa norma representa as crenças de uma sociedade e de uma época. Sua função de mito social e profissional torna difícil tanto reconhecê-las quanto discuti-las. O mito de que falamos aqui é o da necessidade de revelar o mais cedo possível a verdade da filiação. Sem querer questionar esse mito, pensava-se outrora, embora por outras razões, que era melhor retardar o momento da revelação (para proteger a criança de ser rotulada socialmente por sua particularidade). Parece-nos que uma norma de verdade logo se transforma em moral de verdade, com modo superegóico, paralisando os vínculos entre a criança e seus novos pais; daremos dois exemplos de situações "normais" de adoção em que o discurso social pode ter efeitos persecutórios, invasivos, até paralisantes.

A primeira situação é sobre uma mulher jovem, amiga minha, que nos confiava seu desconcerto perante a seguinte situação: ela acabara de adotar uma menininha de origem sul-americana, estava muito feliz com o acontecimento, que ela esperava há muito tempo. Quando da apresentação de sua filha aos amigos, ela ficou inicialmente surpresa, depois magoada, porque as reações dos mais próximos (um meio em que gravitam numerosos profissionais da área social e psicológica) foram, essencialmente, perguntar-lhe quando ela pensava dizer à criança que era adotada! Sua reação foi muito saudável. Disse-me ela: "Mas é minha filha antes de mais nada! Se antes ela teve uma história, não faz com que seja menos minha!". Sua idéia, apesar de expressa em uma outra linguagem, é a que compartilhamos, a prioridade em permitir que o "enxerto mítico" crie raízes, pois só isso poderá dar um sentimento de segurança a uma criança, enfim, bem segura em seu pertencimento

Em uma outra situação, o casal Desmet adota um menino igualmente de origem sul-americana. Convidado para ir à casa deles, descubro transformações espetaculares: o ambiente tornou-se sul-americano e parece com aquilo que se pode ver nas grandes lojas por ocasião da semana da América do Sul! Gravuras nas paredes, lembranças diversas, até a música, tudo lembra, de um modo um pouco ingênuo, a origem da criança, que tem apenas poucos meses.

Eles me explicaram que especialistas consultados os aconselharam a colocar a criança o mais cedo possível em seu ambiente de origem, para evitar problemas posteriores. Ora, trata-se de uma adoção plena e não de uma acolhida temporária. A criança está destinada a viver em seu novo país, com aqueles que, doravante, são seus pais, em uma família que é sua. Eu lhes disse: "Parece-me que a urgência, talvez, seja fazer primeiro um pequeno Desmet, depois um pequeno belga" pois é nesse país que se desenrola a história, mas isso poderia ser em qualquer outro país da Europa.

A crença relativa às crianças adotadas, em um vínculo de filiação particular, distinto em razão do modo de entrada no grupo familiar, e a mitificação social de uma ideologia da verdade podem ser sérios obstáculos para o sucesso de um "enxerto adotivo".

6

Notas Sobre o Pai de Família:
"Você Disse um Pai Lastimável?"

"Que pai lastimável!" Essa exclamação, ouvida de um terapeuta a respeito do pai de um paciente, lembra outras, em que, de uma forma ou de outra, os pais são vistos como insuficientes pelos profissionais. Esses julgamentos são problemáticos por serem isolados do contexto de constituição da noção de pai. A sociedade inventa o pai, lhe confere certas responsabilidades, mas também lhe impõe limitações, controles à altura daquilo que espera dele, a saber, que ele não coloque em perigo o mito paterno que ela criou. A um pai "lastimável" corresponde qual sociedade? E quais terapeutas são delegados, e para qual tarefa?

O QUE É UM PAI?

Entre os animais, não há pai, somente genitores e educadores. A questão do pai surgiu com o ser humano e, com o homem, a noção é logo complexa. Se nos referimos aos estudos etimológicos de Benveniste, em sua obra sobre as instituições indo-européias, ele indica dois pais. Um é o *Ata*, e o outro o *Fader* (*Pater*), *que correspondem a duas noções que não se sobrepõem.*

Ata é o pai familiar, *Fader* é um pai impessoal, é o Deus Pai.

Essas duas noções, essa duas concepções do pai são específicas do mundo indo-europeu, a tal ponto que a tradução da Bíblia em idioma melanésio, por exemplo, colocou sérios problemas. Não havia equivalente para *Fader*, o pai impessoal. Os melanésios só conhecem o pai pessoal e o pai classificatório (o pai é o pai, mas também o irmão do pai etc.).

Dois pais, portanto, são colocados desde logo: de um lado o Pai "eterno", *Fader*, o Falo, a Lei, em geral personificado mais pelo avô ou por um antepassado do que pelo pai, é também o senhor, o pai da castração (na teoria psicanalítica)...

E depois, o outro, *Ata*, o pai familiar, é o papai, o pai nutridor, o pai pessoal, aquele que está em contato com o filho, uma imagem, uma grande mão, que segura uma pequena. Imagem interiorizada de um lado e de outro. O papai é aquele ao qual nos liga uma filiação de reconhecimento, filiação de amor.

Esses dois pais, os "castradores" e os "papais" invadem os divãs dos psicanalistas. Pais inoportunos, pais de Édipo, da ambivalência; aqueles que animam os fantasmas sexuais, pais primeiras emoções, primeiras rivalidades, primeiras ambivalências, primeiros temores.

Enfim, um terceiro pai merece ser distinguido: é o "pai de família".

"O PAI DE FAMÍLIA"

Reconstituamos muito brevemente o histórico do "pai de família".

No começo, era a horda, grupo de seres mal diferenciados. Depois, rapidamente, ocorreu uma divisão extremamente importante, que está na origem do direito e, portanto, de toda a vida social: a diferenciação entre tribo e família. Essa separação estabelece uma distinção entre o direito intrafamiliar e o direito interfamiliar, ou direito tribal: parece que não poderia haver vida social propriamente dita sem uma vida familiar, e reciprocamente. Cada modo social ou familiar se nutre do outro para existir.

Foi preciso encontrar alguém para articular as relações entre esses dois grupos. Esse papel foi destinado ao "pai de família", pelo menos no mundo indo-europeu. Parece que o pai fez parte, ao mesmo tempo, da família, como chefe de família, e da tribo, participando de um conselho de pais (pares), tendo aí lugar e responsabilidades sociais. Ele se situa de uma só vez na interface. *Ele é o representante social na família*, representante de uma norma social.

A outra face de sua função é a de *defender a família contra as intromissões sociais*. Esse papel o diferencia dos outros membros. É, portanto, um personagem ambíguo, ao mesmo tempo protetor de sua família e representante social, representante de uma norma e, eventualmente, podendo voltar-se contra um membro desviante em nome da sociedade, um ser de difícil contato e manipulação. O protótipo, na história da família, talvez seja o *pater familias*, o pai dos latinos, detentor da *patria potestas*, com um poder exorbitante de vida e de morte sobre os membros da *familia*, e o de fazer qualquer um entrar ou sair da comunidade familiar (*domus*), da linhagem. Poder sobre a filiação, sobre a transmissão.[1] Talvez seja o caso de rever esse papel e, sobretudo, essa idéia que, atualmente, temos sobre o *pater familias* e a *patria potestas*. Não se sabe justamente até que ponto ele podia exercer seu poder. Em contrapartida, ele era considerado responsável pela lei e pela ordem em sua família e, como tal, levado a prestar contas em caso de desvio.

Na Idade Média, na Inglaterra, se um marido fosse enganado pela mulher, ele era considerado promotor de desordem, tendo relaxado sua atenção sobre a esposa. Era levado sobre um asno e zombavam dele. Isso não quer dizer que a esposa não fosse punida. Perante a sociedade, o pai de família era investido de verdadeira responsabilidade, pela manutenção da ordem em seu próprio grupo.

Assim, também, até a Revolução, era o poder que o pai tinha sobre o filho, com as ordens régias. Estas permitiam-lhe, se o filho lhe parecesse desviante, libertino ou se tivesse a intenção de fazer um casamento que não convinha à família, obter uma punição real e, às vezes, durante longos anos.

Primeiramente, esse poder foi atacado pela Igreja, a propósito do casamento, pela liberdade de escolha concedida ou não aos prometidos.

No princípio, a Igreja não se envolvia com o casamento, que conduzia ao ato sexual e era, *a priori*, suspeito. Nele não havia cerimônia religiosa. Algumas vezes, acompanhava-se o casal até as portas da igreja, pequeno ritual praticado. Depois, a Igreja fez do casamento um sacramento, o que implicava livre escolha dos dois parceiros, que iriam se unir. Não definitivamente, porque, sempre em nome da livre escolha, a separação era autorizada pela Igreja. Voltar

---

1. Se o pai de família, historicamente, era encarregado da gestão das relações entre a família e a sociedade, a mãe devia defender os filhos do pai, cujo poder representava um perigo. As mães romanas ocultavam um defeito físico de seu recém-nascido, por medo de que o pai decidisse "expô-lo". O papel tradicional da mãe seria, pois, o de impedir que o pai matasse seus filhos, que violasse suas filhas e dilapidasse o patrimônio familiar. Essa distribuição de papéis, durante séculos, só pode ter deixados traços!

a se casar era proibido (exceto por anulação do casamento na corte de Roma, em tribunal pontifício).

O cerimonial do casamento só tinha sentido se os parceiros tivessem livre escolha. Assim, um casamento feito à revelia do pai era reconhecido como válido se tivesse havido celebração religiosa. Inversamente, casamentos impostos puderam ser dissolvidos, pois não houvera livre escolha. O poder do pai sobre os membros da família era assim atacado.

A severidade das proibições no âmbito do incesto tem a mesma função de limitação do poder do pai. Durante séculos, as proibições do incesto ocultaram vínculos às vezes muito tênues: não se referiam apenas às relações entre pai e filha, mas aos colaterais, à madrinha... até uma linhagem bem distante (cômputo de 7 x 2, ou seja, a cada catorze graus de distância de parentesco para que a união fosse lícita!). Isso constituía uma outra obrigação, uma limitação imposta ao pai de família, na medida em que a endogamia tornava-se impossível e, conseqüentemente, um desenvolvimento bem importante dos bens ou das terras pela multiplicação dos casamentos consangüíneos. O desenvolvimento das famílias era assim envolvido por limitações do poder do pai quanto à escolha de alianças, por motivos religiosos.

Atualmente, os poderes do pai de família são ainda mais limitados; as últimas leis sobre a filiação não lhe dão sequer o direito de controlar sua família: qualquer genitor pode provar sua paternidade segundo critérios puramente biológicos, quer a criança tenha sido ou não concebida durante o casamento.

Em matéria de herança, os critérios são bem restritos, afora uma parte reservada. Quanto ao resto, a distribuição é definida pela lei, não deixando muita liberdade ao pai. É impossível para ele, por exemplo, deserdar um dos filhos. No plano educativo, o pai é igualmente limitado pela existência de padrões. O juiz substitui o pai assim que os fatos ultrapassem transgressões menores.

Então, pode-se perguntar: após séculos de evolução, qual é a noção de pai de família?

O pai de família é uma espécie em extinção?

Alguns argumentos são a favor dessa hipótese, como o aspecto funcional de muitas famílias monoparentais, aliás, na maioria das vezes matrifocais (mães-avós) do que patrifocais, que não produzem mais desviantes do que outras famílias. Da mesma forma, as famílias pluricompostas, que são cada vez mais numerosas.

A noção de pai de família parece esvair-se. Na família, o homem é um parceiro, alguém que pode ajudar sua companheira a criar os filhos, por amizade a ela.

PAIS EM TERAPIA

Ainda há "reservas" aos pais de família. Curiosamente, vemos muitos deles em consulta de terapia familiar, o que poderia levar a crer que ainda existe um pai de família!

Encontramos homens que se apresentam como pais de família no contexto dessas entrevistas. Observando os colegas, e nós mesmos, trabalhando, ouvindo as situações em supervisão, pareceu-me que o encontro com os pais desencadeia uma gama de sentimentos extremamente variáveis, que eu poderia classificar em dois grupos.

- *O primeiro grupo*, o mais conhecido, abrange todos os sentimentos que não estão ligados ao encontro com um pai de família, mas, sobretudo, ao fato de se encontrar um *pai-papai*.

Um diz: "É um homem frágil".
O outro diz: "Ele é pesado".
Um diz: "Ele é prudente".
O outro diz: "Ele é calculista".
Um diz: "É um homem decidido".
O outro diz: "É um homem violento".
"É um pai amável", diz um.
"Você quer dizer sedutor", diz o outro.
Um diz: "sexy".
Outro fala de "pai abusivo".
Um diz: "É um pai sábio".
O outro diz: "Ele é assertivo, aterrorizante, reflexivo, indiferente etc.".

O pai de veludo: achei muito bonita essa expressão, inventada nos países escandinavos. O pai de veludo é o novo pai, aquele que se ocupa com os filhos desde o nascimento, dando banho, colocando-os para dormir.

O aparecimento desse novo pai desencadeou uma contra-reação: ele foi logo qualificado de pai incestuoso. Isso chegou a tal ponto que, atualmente, em certos países nórdicos, torna-se difícil para um pai aproximar-se de seus filhos. Ou ele é autoritário e é qualificado de violento, ou é terno e torna-se "incestuoso".

A banalidade desses termos remete muito precisamente, em que os enuncia, a algo de uma imagem pessoal, uma referência a seu papai. Tudo isso evoca o Édipo do operador social.

É um julgamento não do objeto, mas da relação. É entre a imagem que não vemos, que está na cabeça dos observadores, e os objetos presentes que intervem um julgamento ou uma opinião, que podem defender um lado ou o outro.

O último julgamento que emerge quando os observadores fazem sua "*toilette* contratransferencial" diante de um pai é:

— De qualquer forma ele é melhor do que sua mulher. Ou:

— Ele é bem pior do que sua mulher.

- *Uma outra gama de sentimentos pode ser despertada pelo encontro com o pai de família.*

O pai de família, como indiquei antes, tem um pé na sociedade e um na família: representante social na família, protetor da família na sociedade.

Isso significa, bem precisamente, que ele está no cruzamento entre duas lógicas: a do "pertencimento" ao âmbito familiar, e a da inclusão no âmbito social.

A lógica do pertencimento explicita a idéia de que um grupo familiar é bem diferente de um agrupamento biológico.

Um grupo familiar cria e é criado por mitos e rituais. Seus membros são parte do grupo, porque reconhecem a existência do grupo, de tal modo que este lhes confere, de volta, uma identidade de pertencimento. É um sistema auto-referencial.

Pelo contrário, a lógica social é inclusiva: não se pede sua opinião. Você faz parte da sociedade, quer queira quer não. Se você faz parte de um grupo de inclusão, não é em razão de uma adesão, mas por causa de características parciais, que você compartilha com outros membros do grupo: por exemplo, o fato de pagar seus impostos, de concordar com certo número de obrigações: militares, escolares[2] etc.

O pai de família está, precisamente, no cruzamento dessas duas lógicas.

---

2. Conforme capítulo intitulado "Rituais de inclusão, rituais de exclusão", em *L'irrationnel dans le couple et la famille*, Paris, ESF editeur, 2ª ed., 1993.

Daremos o exemplo de uma discussão que, há pouco tempo, era freqüente entre os casais, talvez menos agora: a questão do serviço militar. A posição caricatural era a seguinte: a mãe tentava evitar que seu filho queridinho ficasse em condições desagradáveis, comesse mal, encontrasse todos os tipos de homens. E o pai dizia: "Ele só será homem se servir o Exército!". Ele assim se colocava como representante da ordem social, de uma lógica inclusiva.

Quando vemos o pai de família por ocasião das conversas familiares, é talvez sob esse aspecto que ele deveria ser considerado; prestando atenção *ao modo como ele administra a relação com a inclusão e o pertencimento.*

Proponho uma pequena classificação, da qual estou transmitindo, é claro, os termos extremos, já que a maioria dos pais situa-se em um espaço intermediário.

Os extremos: por um lado o pai juiz, o pai intrometido, o pai punitivo, aquele que chamou para si ser a instância social e que se coloca como guardião da ordem inclusiva, aquilo que se deve ou não fazer. É o defensor da ordem social, um pai nacionalista, um homem da "ordem", valorizando para os membros da família, particularmente para as crianças, as qualidades morais e a responsabilidade individual.

No outro extremo, o "pai mafioso", aquele que privilegia o pertencimento à família. Aqueles que fazem parte do grupo, da "Família", devem beneficiar-se de um certo número de vantagens por causa de seu pertencimento.

Quando, no grupo, o pai juiz levanta a bandeira da inclusão social, o pai mafioso põe à frente a primazia do pertencimento familiar.

A ausência dessas atitudes também aparece em condutas opostas típicas.

Perante o pai juiz, o pai demissionário. Aquele que diz ou pensa: "Eu não quero administrar esse negócio de inclusão; virem-se!". Ele confia nas instâncias sociais: juízes, médicos, educadores. Mais além sempre pela falta, por oposição ao pai mafioso: o pai ausente. Ele é ausente porque, em geral, trabalha muito, mas quando volta, faz-se notar. Porque ele vem para sancionar. Se eu pudesse usar uma metáfora política, diria que é um pai liberal. Deus por todos e cada um por si. Cada um deve se virar, mas não fazer confusão.

Proponho essa classificação, agora não mais de pais-papais, mas de pais de família, em sua relação com a inclusão e o pertencimento:

os quatro pólos são o pai-juiz, o pai mafioso, o pai demissionário, o pai ausente.

FIGURA 4

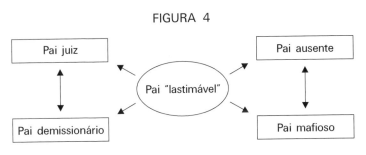

Tomemos como exemplo uma situação em que o pai deve adotar uma posição entre a família e a sociedade: a escola está descontente com um filho. Quem está errado? Quem tem razão? Há várias possibilidades: ou os pais têm um problema ou é o filho que nada compreende; ou o professor é ruim ou a instituição escolar o é em seu conjunto... Há uma escolha a fazer. A divisão dos papéis pode ser tradicional: supõe-se que o pai tome o partido da escola, o filho muito preguiçoso deve respeitar as autoridades. Ou a mãe pode dar a entender que há problemas com o professor...

Um problema tão banal mobiliza questões importantes para a família: "Devemos aceitar esse julgamento sobre um membro de nosso grupo familiar? Devemos responsabilizá-lo perante o mundo exterior (pai juiz) ou, pelo contrário, acionar a solidariedade de nossa família e protegê-lo (pai mafioso) ou deveríamos deixar os representantes sociais, professores, psicólogos, resolverem com ele (pai demissionário) ou ainda puni-lo, não devido ao seu fracasso, mas porque nos faz perder tempo (pai ausente)?".

Essa gestão da relação inclusão-pertencimento é difícil. É talvez uma das razões pelas quais os pais arrastam-se um pouco para vir em consulta, no entanto menos do que se diz. Um mal-entendido poderia ser criado com facilidade. A mãe pode aceitar que se questione o funcionamento do grupo. O pai pode mostrar um comportamento diferente. *O terapeuta vai imaginar que o pai lhe é hostil, quando ele apenas tenta manter seu papel de pai: questionar o direito da sociedade, da qual nós somos os representantes, queiramos ou não, de se intrometer em seu grupo de pertencimento familiar.*

Quando os pais parecem lastimáveis, eles talvez nada mais façam do que defender uma idéia de relação sociedade/família: o que é do domínio da família e, portanto, da alçada do pai, e o que é do domínio da sociedade.

A sociedade está em relação de rivalidade com o pai. Progressivamente, ela se apoderou das funções paternas, para depois declarar os pais lastimáveis. Vemos um exemplo disso na criação de juízes da vara de família.

O pai considerado "lastimável" é aquele que escolheu uma forma de sobrevivência social aceitável, talvez a única, se ele não quiser entrar para a categoria dos pais desviantes: ausentes, demissionários, juízes ou mafiosos...

SEGUNDA PARTE

O TERAPEUTA PERANTE O CASAL

1

A Violência no Casal

INTRODUÇÃO

Podemos ver o casal como um grupo, o menor dos grupos. Como todo grupo instituído, dispõe de uma estrutura mítica e ritual. É nesse sentido que o distinguiremos da simples relação, que não implica qualquer compromisso, institucionalização, registro familiar ou social. Pertencer a um grupo é demonstrar uma crença nos mitos do grupo e participar de seus rituais. O pertencimento exige mais do que palavras.

Por que esse interesse pelos diversos tipos de pertencimentos, grupos, associações e, com freqüência, sobre os casais? Esses pertencimentos dão um retorno: se criamos, ou damos vida a grupos, institucionalizamos relações, esses mesmos grupos nos conferem, em troca, uma identidade. É no cruzamento de nossos diversos pertencimentos que emerge nossa autonomia, não como um estado, mas como uma potencialidade de escolher justamente nossos pertencimentos que, por sua vez, reforçam essa potencialidade... *da capo*. Uma relação do tipo auto-organizacional se estabelece entre os grupos e nós, cada qual, contribuindo para autonomizar o outro, a lhe conferir vida e identidade.

Esse pertencimento a grupos, embora alienante, comporta, entre outras vantagens, a de assegurar à pessoa uma forma de proteção pelo grupo, devido a seu pertencimento. Uma solidariedade é constantemente observada entre os membros do grupo, sobretudo perante as intromissões do mundo exterior. Mas essa solidariedade se manifestará desde que a pessoa se mostre fiel ao grupo. Caso contrário pode mostrar-se contra a pessoa e acarretar fenômenos de violência se ela quiser separar-se do grupo.

CASAL E DESPERTENCIMENTO

Um dos grandes problemas é *como sair dos grupos*, de um casal, por exemplo, porque a pessoa aí não se encontra, porque acha que o grupo não lhe proporciona o que ela espera, porque ele não pode garantir sua evolução, ou porque o próprio grupo não aceita os comportamentos da pessoa, julgando-os incompatíveis. Nos dois casos, um outro pertencimento, em geral um outro grupo está envolvido, que parece mais sedutor para a pessoa e que aparecerá como rival perigoso para o grupo de origem. A pessoa, marcada por um novo pertencimento, torna-se "estranha" ao grupo. Ela perde, então, toda a proteção e se expõe, se houver ocasião, a violências cujo objetivo pode ser ou trazê-la de volta ou excluí-la de forma definitiva, se ela representar uma presença demasiadamente "tantalizante" para os outros membros do grupo, que ficariam tentados a segui-la.

Um exemplo ilustra esse fenômeno. É o assassinato de uma jovem turca, de quinze anos, morta por seu pai e seus irmãos mais velhos. Conflito de civilização? Conflito de gerações, com certeza! O exame dos fatos mostra que o ato assassino foi precedido por um outro ato, de justiça social. A jovem namorava um rapaz de uma outra comunidade, e essa relação, mais do que criticada, era violentamente proibida pela família, estando todos chocados em suas convicções, mesmo porque a jovem já estava prometida. Como ela se negava a se submeter, o compromisso de toda a família estava sendo renegado. A família mostrava-se incapaz de sustentar as "normas" comunitárias, especialmente de poder apresentar uma filha pura e obediente. O mito constitutivo do grupo, ou seja, a imagem do grupo para si mesmo através da imagem que ele transmite ao mundo, viu-se alterada.

Nesse caso, o grupo se fecha sobre si mesmo, se "torna paranóico". Foi nesse contexto, e sem que se pudesse saber, sem nenhuma medida de acompanhamento (entrevistas familiares, por exemplo) que foi pronunciada uma medida de internação para proteger a jovem. A família sentiu-se lesada e se manifestou nesse sentido diante do juiz. Mas até esse ponto, nenhuma violência definitiva, e, talvez, até uma certa resignação. Uma questão se coloca: a internação teria tido valor de ritual de "despertencimento", de ritual de saída do grupo, cuja necessidade era ainda maior quanto mais rígido era o grupo familiar e mais exigente o mito de pertencimento? Esse ritual de exclusão, pelo menos é a interpretação que a família pôde dar sobre a medida de internação, significou "matar" a pessoa para o grupo. A jovem estava, a partir de então, familiarmente "morta".

Sua volta à casa, quando de uma fuga do local de recolhimento, colocava-a em perigo, pois ela não existia mais para eles! Ela não era mais do que um "corpo estranho". Não era de se esperar nenhum sentimento de solidariedade, de humanidade, e a família "terminou" o trabalho iniciado pelo juiz... pelo menos tal como parece ter sido interpretado por eles. A jovem foi "alterizada" pelo grupo social e essa marca de "estrangeira" colocou-a definitivamente em perigo. A passagem para a ação foi seguida de um "ato de pasagem", alteridade, ritual de exclusão bastante involuntário.

Esse ato evoca esses animais que morrem porque, tocados por mão complacente, a mãe já não os reconhece.

Certas violências grupais parecem ligadas à "alterização" de uma pessoa, que perde a proteção do grupo. Esse fenômeno ocorre, inclusive, entre o casal. Um ou outro dos parceiros pode se eleger como responsável pelo grupo-casal, guardião de seus valores, de seu ideal, de seus mitos, de seus rituais. Em caso de "desvio" do outro, ele poderá então reagir com vigor, para levar o outro a adotar uma atitude mais conforme. Em caso de traição flagrante de um dos parceiros, ele se exclui do fato na comunidade. O parceiro em questão, assim "alterizado", está em perigo se permanecer em contato com o outro parceiro, que se sente "desprezado".

Portanto, convém distinguir, entre as violências de casal, *aquelas que se destinam a trazer o outro de volta ao seio familiar.* Pode-se, aqui, distinguir as violências diretamente impostas ao outro e as violências impostas a si pelo parceiro lesado, mas que se destinam a tocar o outro.

As violências destinadas a excluir um parceiro já marcado por uma "alterização" e, por isso, a eliminá-lo, são de uma outra natureza.

Em todos os casos, convém não subestimar o papel das estruturas de ajuda que, por meio de manobras certamente benévolas, mas, às vezes, prematuras, podem contribuir involuntariamente para "alterizar" uma pessoa que, por isso, está em perigo. Uma situação desse tipo é a do "homem do martelo".

O homem do martelo

Nicole e Pierre constituem um casal. Esta é, praticamente, sua única referência. Eles não têm filhos, têm poucos amigos e algumas relações distantes com seus parentes sobreviventes. Seu casal é, para cada um deles, a instituição prevalente, o lugar de investimento maior de seu sentimento de pertencimento.

As circunstâncias de seu encontro com um terapeuta de casal são especiais: o pedido foi, antes de mais nada, do psicoterapeuta individual de Nicole, pedido apoiado pelo psiquiatra de setor que assume, atualmente, a responsabilidade terapêutica sobre Pierre. De fato, Pierre está em internação oficial, em hospital psiquiátrico, após um julgamento que o declarou irresponsável por uma tentativa de homicídio voluntário cometida contra sua mulher.

A mulher descobriu, depois de vários meses, que ele não estava mais indo trabalhar, embora saísse e voltasse nas horas habituais: não pagava mais qualquer conta, nem o aluguel; interceptava a correspondência e chegou até mesmo a esconder a morte de sua própria mãe. Perante a fúria legítima de sua esposa, ele se apoderou de um martelo e atingiu-a violentamente na cabeça. Foi necessária uma hospitalização prolongada e chegou-se mesmo a temer por sua vida. Após seu ato, ele atentou contra a própria vida. Ora, Nicole deseja retomar a vida conjugal quando da saída de Pierre, o que não deixa de inquietar o psicoterapeuta.

O casal se apresenta pontualmente para a consulta. Eles me informam que é seu primeiro encontro em liberdade. Seus encontros precedentes aconteceram entre as paredes da prisão, depois do hospital. Nicole é uma mulher bastante singular. Tem 45 anos de idade, formas e rosto bastante ingratos, com grandes olhos, muito expressivos e demonstra um sofrimento infinito. Está vestida com bom gosto, com jóias originais. Pierre tem porte médio, bem magro, moreno; tem sessenta anos, um rosto muito expressivo, móvel, gestos vivos. Ele está vestido com cuidado, gênero "artista", de bom gosto. Ambos usam, à guisa de aliança, um aro que faz lembrar um anel, de cerca de três centímetros. Eles se instalam na sala de terapia de modo possessivo, exploram o espaço, avaliam o terapeuta com os olhos. Ficamos admirados com o aspecto muito particular de seu olhar, um olhar que parece dizer: "Você nunca compreenderá, você nunca poderá fazer parte de nosso conjunto". Esse olhar é, por um lado, exclusivo, mas ao mesmo tempo tenta captar o olhar das pessoas exteriores, que devem, de forma evidente para eles, estar fascinadas com aquilo que eles mostram, olhar captador e, ao mesmo tempo, polido, impenetrável.

De modo geral, sempre ficamos surpresos ao ver até que ponto os casais que vêm para consulta parecem persuadidos de que seu problema só pode nos apaixonar. O que está longe de ser o caso para certos pedidos familiares ou individuais. Esse narcisismo dos casais evoca em nós uma espécie de saber arcaico sobre o aspecto transgressor de toda díade, mesmo sendo ela conjugal.

Seu pedido não é evidente. Pierre diz logo que desejaria mudar tudo; Nicole, ao contrário, não desejaria mudar nada, mas reencontrar Pierre, retomar a relação que tinham no começo. Essa relação era ideal: foi depois que estragara. "Nós passamos da fusão à simbiose, e eu queria voltar a encontrar a fusão, mas não a simbiose", diz ela, de modo um pouco enigmático. "Eu tinha uma relação muito próxima com minha mãe, e tenho a impressão de que com Pierre reproduzi a relação que tinha com ela. Eu quero uma relação muito próxima com ele, mas não uma relação simbiótica. E a outra razão dos problemas que tivemos é que eu fui muito rápido em minha psicanálise. Compreendi que fora por demais próxima de minha mãe e eu quis me desvincular dela, mas ao mesmo tempo rejeitei Pierre, recusei relações sexuais, mesmo quando tinha desejo por ele. Fui muito radical." E ele foi mais longe: "É verdade. Quando eu disse querer mudar tudo, eu queria dizer a mesma coisa que Nicole, quer dizer, nada mudar!". Nem um nem outro queriam voltar a falar do episódio de violência. Nicole disse: "Tornou-se como um filme, de tanto contar, é como se eu o visse diante de mim na televisão". Ele é ainda mais reticente e deseja simplesmente que "isso" não se repita.

A história do casal é pouco banal. Ela diz ser apaixonada por ele desde os doze ou treze anos·de idade. Ela o conheceu na casa de seu tio paterno, homossexual, com o qual Pierre tinha uma relação, embora fosse bem jovem na época. Só bem mais tarde Pierre soube do interesse dela por ele, sem nada lhe revelar. Nicole tomou a iniciativa de lhe escrever e lhe falar do desejo que tinha por ele e, para sua grande surpresa, descobriu que Pierre experimentava sentimentos análogos. Bem rápido, eles passaram a viver juntos, o que, para Pierre, era uma transgressão. Ele vivia e se via sempre como um triste solitário. Ele não considerava uma vida de casal, embora tivesse tido relações com mulheres. Essa paixão foi tão exclusiva que eles não tiveram filhos, pois Nicole considerava-se uma criança, incapaz de ser uma educadora, apenas de reproduzir o modelo materno. O casal viveu alguns anos felizes, depois Pierre teve decepções profissionais, que o distanciaram de Nicole. Foi talvez nesse momento que Nicole começou a ter comportamentos de uma certa independência, que se manifestava, essencialmente, em amuos prolongados e recusa de relações sexuais. Pierre reagia alternando períodos de abatimento e de cólera. Depois, fechou-se em si mesmo. Foi nesse contexto que Nicole descobriu o que relatamos acima: Pierre há muitos meses não ia ao trabalho, interceptava a correspondência, não abria nenhuma carta, não pagava nenhuma conta. Foi por ocasião da vinda de um fiscal anunciando sua "demissão". Nicole descobriu o problema.

O terapeuta de casal, diante dessa situação, está em dificuldade. Ele não tem a vocação nem a função de garantir a ausência de periculosidade futura em Pierre, pois essa é a tarefa que parecem ter-lhe delegado os médicos, que acompanham o casal. Igualmente, para ele é difícil trabalhar no nível relacional com um casal atualmente separado devido ao internamento de Pierre. Além disso, o casal não está pedindo mudanças. Seu pedido parece ser, sobretudo, o de voltar a encontrar seu ideal do início, seu mito fundador.

Perante essa dificuldade, que se reporta às condições particulares do encontro, o terapeuta de casal procede a um primeiro reenquadramento, a fim de criar um espaço terapêutico. Ele participa ao casal sua inquietação: eles desejam voltar a encontrar o casal excepcional que foram. Convém, então, participar dessa tarefa, ajudá-los a reconstruir esse sonho frágil. Assim sendo, o terapeuta não estará participando do contexto que gerou as dificuldades? Sua exigência de dever formar um casal excepcional requer um risco de decepção, com sofrimentos e angústias. Por outro lado, propor banalizar o casal, o que talvez fosse desejável, não corresponde à sua expectativa. Nós os deixamos com essa observação, senão de pessimismo, pelo menos de perplexidade.

Numa segunda sessão, Nicole narra uma atitude temperamental de Pierre, o que lhe permite abordar o tema da violência. Ela diz que, após refletir, uma certa banalização do casal não a desgostaria. Ela não quer mais ser confrontada com a violência do marido. Torna-se possível abordar seu contexto de vida e, em particular, obter algumas informações sobre suas famílias de origem.

Pierre tinha o encargo da família. Sua mãe (atualmente morta) apresentava episódios maníaco-depressivos e era hospitalizada com freqüência. Sua irmã, assim como o filho dessa irmã, mãe solteira, são também problemáticos. Seu pai desaparecera quando ele era muito jovem e ele se viu, de fato, encarregado da família; seu destino era se ocupar de sua mãe e depois de sua irmã. A homossexualidade em que se envolvera era, por essas razões, muito bem tolerada em sua família.

Nicole, por seu lado, não teve melhor sorte. Como os pais eram divorciados, ela viveu tempos com a mãe, com a qual tinha relações ora fusionais ora tempestuosas, mas de qualquer modo passionais, tempos com o pai, que decidira, terminantemente, que o destino de uma jovem é ficar com o pai e dele se ocupar... Relação fusional de um lado, incestuosa do outro, compreende-se com facilidade que sua união com Pierre tenha sido acolhida sem entusiasmo! Seu pai, aliás, não perdia a oportunidade de insultar Pierre e de perseguir o casal com suas maldições. Depois da passagem para a ação, a situação sob esse aspecto tinha piorado. Como o destino de ambos era o de permanecer em suas famílias de origem, eles deviam, pois, justificar constantemente a existência de seu casal e, para isso, poder comprovar seu caráter excepcional.

A seqüência do tratamento fará aparecerem elementos específicos concernentes aos acontecimentos que precederam a passagem para a ação que, como se pode imaginar facilmente, lançaram uma dúvida sobre o caráter excepcional do casal.

É interessante, a respeito, voltar à entrada de Nicole em análise. De fato, é à sua análise ou, pelo menos, aos progressos pessoais obtidos, que ela atribui as dificuldades conjugais e as violências. Ela dará, sucessivamente, três versões para justificar seu pedido de ajuda pessoal. A primeira se refere às relações com a mãe; a segunda, às relações com o pai. Relatamos esses problemas acima. A terceira razão, que ela evocará mais tarde, é importante, pois ela questiona a adequação de seu pedido a uma psicanálise. É um ponto delicado, estudado com pouca freqüência, objeto de rumores mais ou menos fundados, que o fato de fazer psicanálise, para uma pessoa envolvida num casal, não deixa de ser perigoso para ela. Esse fenômeno, se comprovado, será predizível? Se for o caso de uma pessoa lutar contra seus demônios pessoais, não há obstáculo de empreender uma psicanálise. Mas, quando, como no caso que apresentamos, *o sofrimento da pessoa está ligado a problemas de pertencimento*, se impõe certa prudência. De fato, por ocasião do pedido inicial de ajuda, feito por Nicole, suas dificuldades estavam ligadas a uma fase difícil da vida do casal. Nicole nos dará alguns detalhes sobre esse período crucial de sua existência. Ela substituíra o marido na ajuda que ele dava à irmã e ao sobrinho. Ela mesma, na época, perdera o emprego. Depois, sua cunhada retomara seu trabalho, com sua ajuda, e o sobrinho voltara à escola; e ela se vira sozinha, pois o marido aproveitara seu devotamento para investir em sua atividade artística. Ela disse: "Meu marido fazia amor de manhã, antes de sair, e eu ficava sozinha em lágrimas"... Sua confusão estava ligada ao sentimento de que seu marido a abandonava e parecia negligenciá-la. Esse tipo de dificuldade parece colocar o problema a ser tratado como um pedido individual. Se a pessoa sofre, ela situa a origem de seu sofrimento em uma problemática de pertencimento. Mesmo sendo perceptível uma problemática pessoal subjacente, pode-se ter acesso a ela nesses momentos de crise sem promover um reenquadramento culpabilizante, normalizante e, sobretudo, sem impor uma transferência, que nada mais faça além de renovar a dependência ao parceiro, mesmo de um modo que se pretenda inverso? Pode-se evitar que a relação terapêutica seja utilizada para alimentar um conflito do qual os parceiros não podem ou não querem se desligar, de tanto que ele tomou um lugar vital como suporte de identidade, às vezes quase único, como no caso apresentado? Nicole conta uma frase de seu analista que parece típica dessas situações: "Ele me disse que eu deveria adquirir mais autonomia, que eu não tinha vida para mim, que era uma simbiose..."

Esse tipo de proposição, ouvida sob formas diversas em outras situações, corresponde, entre os que as formulam, a uma epistemologia tradicional, em que o casal é definido como uma *relação* entre dois seres e nada mais. A autonomia de uma pessoa é então definida como sua capacidade de se desligar dessa relação, quando se trata de individuação e não de autonomia. O problema é que essas proposições, que se pretendem desalienantes, têm efeitos raramente esperados. Com freqüência, elas apenas provocam uma transferência de dependência do cônjuge para o terapeuta! Como no caso de Nicole, essa transferência teve como efeito "alterizar" a pessoa em relação a seu parceiro e, portanto, colocá-la em perigo.

Com a epistemologia da auto-organização, a finalidade das intervenções não é mais o corte, mas o reconhecimento de que não há autonomia sem dependência, que a autonomia não é um estado, mas uma capacidade latente: a de *saber gerir suas dependências*. A pessoa se constitui no cruzamento de suas dependências, ou seja, de seus pertencimentos. Uma intervenção banalizante, reduzindo o casal à sua dimensão relacional, ignorando as dimensões míticas, rituais, assim como sua função de ser um suporte de identidade, pode engendrar violências ou pelo menos criar um contexto de desesperança que pode levar a violências contra si ou contra o outro.

Para restituir a identidade do casal, suas capacidades auto-organizadoras, autocurativas, dissemos a Pierre e Nicole que compreendíamos todos os esforços que eles tinham feito para evitar a banalização de seu casamento, como a psicanálise de Nicole, menos destinada a um desenvolvimento pessoal egoísta do que a estimular seu parceiro (talvez para além de toda a esperança...) até o gesto desesperado de Pierre: melhor a morte do que um casal banal! Compreendíamos seus esforços, mas perguntávamos sobre a necessidade de manter a qualquer preço (às vezes elevado) a idéia de que eles deviam constituir um casal fora do comum: essa idéia era verdadeiramente sua ou, como o destino de cada um deles era permanecer celibatário, eles deviam justificar constantemente a existência de seu casal por seu caráter excepcional!

Essa situação, talvez, os levara a crer que seu casamento era muito frágil. O contexto de constituição, de tão invasor, não lhes permitira ter acesso à sua realidade conjugal. Talvez, atualmente, eles estivessem dispostos a fazer um trabalho nesse nível?

CONCLUSÃO

As violências nos casais podem ser mascarados, também, como apego entre os parceiros, como suporte de identidade. Qualquer intervenção externa visando o casal, mesmo terapêutica, pode ser vivida como uma violência, sobretudo se ela se fundar na idéia de ajudar um dos parceiros e desconhecer a força dos vínculos de pertencimento.

Parece mais adequado, se quisermos ajudar um casal a se desvincular ou a reinvestir na dimensão institucional de sua relação, propor rituais ou um trabalho sobre seus mitos constitutivos.

Esse trabalho, em caso de separação, metaforiza e torna mais suportável uma perda tão mais dolorosa, que faltam palavras para dar conta de um sofrimento que não é somente a perda possível de um ser caro, mas a morte de um recipiente, o filho do casal que é o próprio casal.

Se a decisão do casal é prosseguir nessa aventura, é possível esperar que, no futuro, eles sabiam avaliar o preço a ser pago por um pertencimento que, antes, acreditava-se necessário, vital, muito querido, em todos os sentidos do termo, como no caso apresentado.

A terapia de casal pode constituir um quadro ritualizado, adequado, desde que o terapeuta respeite seu contrato, a saber, que seu cliente é o casal e não um ou outro dos parceiros. Assim, poderiam ser evitados os efeitos de alteridade, que às vezes facilitam e até mesmo engendram ciclos de violências conjugais.

Propomos, pois, distinguir as violências destinadas a trazer o outro de volta para o seio familiar, e aquelas destinadas a excluir, até eliminar um parceiro julgado incompatível com a imagem do casal, pensado por um ou outro dos parceiros.

Entre os fatores que favorecem a violência nos casais — não se devem subestimar as intervenções terapêuticas —, contam em particular as ações individuais que, querendo beneficiar a autonomia de um dos parceiros, podem "alterizá-lo", quer dizer, torná-lo estranho para o outro e colocá-lo em perigo.

Referências Bibliográficas

BOSCOLO, L.; CECCHIN, G.; HOFFMAN, L. e PENN, P. *Le modèle milanais de thérapie familiale, théorie et pratique. Paris,* ESF éditeur, col. "Sciences humaines appliquées", 1992.

CAILLÉ, P., *Familles et thérapeutes (Lecture systémique d'une interation).* Paris, ESF, col. "Sciences humaines appliquées", 1985.

_____. *Un et un font trois. Le couple révélé à lui-même,* Paris, ESF éditeur, col. "Sciences humaines appliquées", 1991. (Publicado no Brasil pela Summus Editorial, 1994, com o título *Um e um são três — O casal se auto-revela.*)

CAILLÉ, P. e REY, Y. *Il était une fois: du drame familial... au conte systémique,* Paris, ESF éditeur, col "Sciences humaines appliquées", 1987.

DUMOUCHEL, P. e DUPUY, J.-P., (dir.) *L'auto-organisation, de la physique au politique (Colloque de Cerisy, 1981).* Paris, Le Seuil, 1983.

_____. *Violence et verité, autour de René Girard.* Paris, Grasset, 1985.

ELKAÏM, M. *Si tu m'aimes ne m'aimes pas (approche systémique et psychothérapie),* Paris, Le Seuil, col. "La couleur des idées", 1989.

MIERMONT, J. (dir.) *Dictionnaire des thérapies familiales. Théories et pratiques.* Paris, Payot, 1987, pp. 638.

MIERMONT, J.; STERNSCHUSS-ANGEL, S.; NEUBURGER, R. e SEGOND, P. "Thérapies familiales". Paris, France, Éditions Techniques. *Encycl. Méd. Chir.* Psychiatrie, 1, 1990, 37819 F[10], 4-1990.

NEUBURGER, R., *L'autre demande (Psychanalyse et thérapie familiale systémique),* Paris, ESF éditeur, col. "Sciences humaines appliquées", 1984.

_____. *L'irrationnel dans le couple et la famille.* Paris, ESF éditeur, col. "Sciences humaines appliquées", 1988.

2

Casais Recasados, Casais Recriados, Destino e Inscrição

INTRODUÇÃO

Propomos partir de uma situação clínica, apresentada por uma colega para uma supervisão minuciosa. Segundo ela, a terapia se prolonga sem que ela perceba verdadeiramente o motivo.

Ela nos conta que foi levada a conhecer primeiramente a paciente, Marianne, de 35 anos, que veio consultá-la por causa de seu filho, de sete anos, e apresentava algumas dificuldades menores. As entrevistas prosseguiram durante alguns meses.

Algum tempo depois, a mesma paciente pede ajuda à terapeuta para seu companheiro. Entrementes, o marido abandonou-a, ela se divorciou e o companheiro com o qual vive atualmente lhe parece frágil, com problemas psicológicos.

Ele foi criado pela avó, que não se dá bem com a sua mãe. Ele tem uma história meio desagradável em sua família; sua avó teria se deitado com seu pai, essa parece ser a causa do rompimento do casal. Por sua vez, ele teria sofrido com as conseqüências.

Ela se apresenta à consulta com esse companheiro, e eles alegam problemas relacionais entre si, as brigas são freqüentemente provocadas por ela. Ele reage, faz as malas e vai instalar-se na casa de uma tia materna durante algum tempo. Depois, ela o procura e como ele diz amá-la, aceita suas investidas e volta a viver com ela e tudo recomeça.

No período de cinco a seis sessões, a terapia centrou-se nos problemas relacionais e comunicacionais, num jogo de disputas, partidas e reencontros. Desde o começo da terapia, o casal vive junto de forma contínua. Não há mais separação, sequer provisória. Mas a terapeuta tem a impressão de que a terapia se desgasta; ela não sabe mais muito bem onde se situar. Ela se admira com a pontualidade do casal, com o fato de serem muito ligados aos encontros, extremamente obedientes às prescrições. Ela tende a adotar uma posição parental, que lhe pesa.

Cada vez que ela cogita interromper a terapia, eles retomam o processo trazendo novos problemas: como aqueles com o ex-marido, que não estão regulamentados. Os encontros com ele são sempre difíceis, assim como o exercício do direito de guarda sobre o filho. Ou, ainda, o companheiro de Marianne tinha uma namorada, anteriormente, e ela teme que ele volte para ela. Os ex-cônjuges estão sempre presentes em alguma parte.

Além do mais, no âmbito profissional, ela exerce um trabalho em que se sente pouco valorizada. Desejaria participar da vida profissional de seu companheiro, que é antiquário, mas ele se nega, pois trabalha com um sócio e teme complicações em virtude da interferência de um terceiro.

A questão da eventualidade de terem um filho coloca-se para o novo casal, mas ela teve alguns abortos antes do nascimento de seu filho. O casal pergunta regularmente à terapeuta se ela os considera maduros e estáveis para ter um filho, questão que a embaraça, é claro.

Em que nível o trabalho poderia se abrir?

No *relacional-comunicacional*, parece que a situação é relativamente clara. Atualmente, há poucas acusações recíprocas ou reprovações. Eles dão provas de muita afeição. Sua sexualidade é pobre, porque ambos têm medo de responsabilizar o outro quanto à eventualidade de uma gravidez, mas isso não parece ser problema.

Poder-se-ia colocar a questão de indicação de uma terapia individual para cada um deles. De fato, ambos dão provas de uma problemática pessoal: ele, além de sua neurose, está um pouco obeso; ela se questiona demais. Mas a sensação é que encaminhá-los a um terapeuta *individual* pareceria uma condenação de seu casal.

A terapeuta não sente que exista uma crise atual ou uma problemática de *mudança*. A mudança possível será a vinda de uma criança, mas a questão parece inteiramente rejeitada.

Em contrapartida, o terreno parece mais rico no nível *identidade-pertencimento*. Esse casal tem uma identidade, no sentido de que há um mito fundador: houve um encontro importante para ambos. Eles têm rituais próprios à sua pequena célula. Mas um elemento nos intriga: é sua ausência de inscrição, ausência de inscrição do casal. O que nós entendemos por isso?

POR QUE OS SERES HUMANOS SE ENVOLVEM EM GRUPOS?

Para apresentar esse problema de inscrição, convém retomar e desenvolver uma questão introduzida no capítulo precedente: por que os seres humanos se envolvem em grupos? Por que, mais do que uma tendência, essa pulsão a se integrar em diferentes grupos: famílias, clubes, associações... e, finalmente, casais?

E entre os que se envolvem com um casal, alguns são até reincidentes, procuram outra experiência, após uma ou várias experiências infelizes!

Essa tendência à aglutinação é ainda mais surpreendente, pois ocorre num contexto ideológico atual, que privilegia a autonomia, o corte, o encarregar-se de si mesmo, a responsabilidade individual, o domínio de seu próprio destino...

A metáfora auto-organizacional nos dá uma leitura, senão uma explicação desse fenômeno repetitivo: *não podemos "reconhecer" a nós mesmos*. "Reconhecer" é, aqui, empregado no sentido forte do termo.

Não podemos nos dar uma identidade: a solidão não é autonomia. A identidade, ou seja, a capacidade de se reconhecer como existente, requer uma passagem pelo outro, os outros. Para resumir, é porque participamos da existência de grupos humanos sustentando seus ritos, participando de seus rituais, que esses grupos nos reconhecem, nos concedem uma identidade de pertencimento, nos humanizam. Forjamos nossa identidade na encruzilhada dos nossos diferentes pertencimentos, daí nossa apetência a participar da criaçãou da manutenção de famílias, clubes... e de casais.

Quanto a isso, o casal pode ser definido como o menor grupo de pertencimento. No entanto, não é o menos importante. Com a atual turbulência do mundo econômico, político, ideológico, o casal adquire importância.

Quando falamos de casal, não se trata de uma simples relação, mesmo que as relações não sejam sempre simples, mas do casal como pequena célula auto-secretada, autocriada: o que funda o casal é uma história, a invenção de uma predestinação, *um mito*. Isso atualmente é bem conhecido e nos apoiamos nesse "irracional fundador"

103

para propor um modelo terapêutico. Mas, e essa é um pouco mais nova, não tínhamos nos dado conta de que púnhamos o dedo numa curiosa engrenagem. De fato, se nenhum ser pode autodefinir-se senão estando louco, se nenhum ser pode constituir-se como sujeito sem passar por pertencimentos, lugares em que é reconhecido, o mesmo trajeto é necessário para o próprio grupo. Um grupo que se contentasse, para existir, em se auto-reconhecer, seria "louco", seria uma seita cujo destino se assemelharia ao que se passou recentemente nos Estados Unidos ou na Guiana, no passado.

Mesmo os grupos que apresentam mais desvios, os mais extremos, revolucionários ou místicos, precisam ser reconhecidos por outros grupos.

O casal, assim como todo grupo, tem necessidade de ser reconhecido para *existir*: são os limites da auto-organização. Só a relação suporta, na verdade, se alimentar do segredo. Esse reconhecimento do casal é social (casamento, concubinato), familiar; e também ocorre entre amigos, e no âmbito relacional.

A necessidade de reconhecimento se manifesta nas providências que o novo casal toma junto aos representantes de outros grupos, mas também, e talvez seja uma providência distinta, por uma necessidade de ser *inscrito*, de figurar de modo indelével para além da rede relacional.

É assim que compreendemos a necessidade do casamento, de adquirir uma casa, ter filhos, todas as ações que têm como efeito inscrever de forma indelével o casal, qualquer que seja o seu destino posterior. Não estamos dizendo que o desejo de ter um filho, por exemplo, seja unicamente determinado pela necessidade de inscrição do casal, mas ele aí participa.

No que concerne aos casais recasados, observamos que seu sofrimento, suas dificuldades eram, às vezes, diferentes das dos "primeiros" casais, no sentido de que teriam menos problemas relacionais, de existência, ou seja, em nossa teoria, de reconhecimento, de inscrição; seu sofrimento era ligado não a problemas relacionais que colocariam em perigo um pertencimento até então bem estabelecido, como nos primeiros casais, mas era o *sofrimento de não ser reconhecido como casal*. Daí, às vezes, uma hiperatividade estafante para existir aos olhos da sociedade, da família, a seus próprios olhos, até mesmo uma depressão inexplicável, unicamente por problemas relacionais. O papel do terapeuta pode, então, ser muito diferente.

104

Retomemos o exemplo que usamos para introduzir a exposição. Esse casal não apresenta maiores problemas de comunicação e de relação. Tampouco está em crise. Ele dispõe, igualmente, de uma constituição interna, mítica e ritual. Então, o que lhes falta? Um reconhecimento, uma inscrição: eles não querem se casar porque ela tem uma experiência negativa e teme que isso traga mais problemas do que soluções. Ele, por seu lado, é incentivado a não se casar, pela avó com quem não deseja entrar em conflito.

Em contrapartida, se olharmos do lado das famílias de origem... Para os pais dela o ex-casal está vivo; o divórcio foi desaprovado, embora ela não o tenha desejado. Seu ex-cônjuge voltou a se casar, teve um filho há pouco tempo e, no entanto, é sempre ao antigo casal que a família dela se refere. Se lhe perguntam sobre seu marido, é sempre a seu ex-cônjuge que se referem, e não a seu novo companheiro.

O novo casal não é reconhecido, nem sequer aceito. Eles têm poucos amigos. Poucas pessoas ao redor deles se interessam por eles. E também não são reconhecidos no âmbito profissional. O único lugar em que eles estão incritos é... na agenda da terapeuta de casal.

Esse casal existe para ele mesmo, é evidente, mas isso não basta. Um casal, assim como qualquer grupo, para existir, tem necessidade de ser reconhecido como tal pelo mundo exterior, um reconhecimento, uma inscrição aos olhos do outro, seja ele social ou familiar.

Propomos então à terapeuta que lhes ofereça um ritual de inscrição: de acordo com o modelo da cápsula temporal,[1] cada um dos membros do casal deverá escrever em uma folha de papel, num belo papel, durável, do tipo pergaminho, seus sofrimentos passados relacionados à família, ao casamento, e também às suas esperanças. As duas cartas deverão ser colocadas em envelopes selados, em uma caixa também selada. Essa caixa ficará com a terapeuta. Ela será aberta somente, digamos, em sete anos.

Com esse ritual, propomos uma inscrição ao casal, que poderá ser determinada nesse momento. Nossa hipótese é a de que o casal não pode existir sem ser inscrito. E se não for inscrito, também não

---

1. Uma cápsula temporal é uma operação, geralmente publicitária, que consiste em guardar em um contêiner, de preferência diante das câmeras, objetos, listas... de uma época. Esse contêiner destina-se à posteridade e deverá ser aberto dentro de um prazo que varia, em geral, entre cinqüenta e cem anos.

poderá se desfazer. Esse casal corre o risco de ficar eternamente numa espécie de "sala de espera", conforme a expressão de Siegi Hirsch.

Outro exemplo clínico

Uma consulta: ela tem 44 anos, é pequena e graciosa. Ele tem cinqüenta anos, um pouco solene. O casal tem dois filhos, de catorze e onze anos. Vivem juntos desde 1978 e casaram-se em 1979.

Ele, que chamaremos de Peter, tem um filho de 21 anos de uma primeira união. Ela, que chamaremos de Monique, vivia em concubinato com um belo "fidalgo".

Monique é secretária em uma organização internacional, Peter é tradutor nessa mesma organização.

Seu encontro: Peter era casado e insatisfeito; um dia, vendo Monique em seu posto de trabalho, pensou: "Ela me agrada, eu a quero..." Ela demorou mais para se convencer, perguntando-se o que um senhor tão culto (e, ainda, casado) poderia querer dela. Mas ela dizia que buscava "calma e segurança" depois de uma vida bastante agitada, e aceitou suas investidas.

Eles se casaram relativamente rápido, desde a obtenção do divórcio de Peter, pois, segundo ele, "faltava-me a bênção do corpo social" (a expressão é dele). Ele não se via vivendo casado fora do contexto legal, e ele confessa ter tido medo de perdê-la.

Viveram cinco anos de felicidade completa. Observamos que essa época correspondeu à "fase persecutória" de sua relação, período durante o qual a ex-esposa mostrou-se reivindicadora, vingativa, intrometida. Depois, quando as perseguições cessaram, os problemas começaram!

Quais problemas? Eles têm algumas diferenças: ela gosta do mar e ele não, ela gosta de viver na cidade e ele, no campo; e, sobretudo, eles sofrem de um distanciamento progressivo que, há alguns anos, vem se agravando, sofrimento ainda mais agudo pois dizem se amar sinceramente.

Esse distanciamento se concretiza pelo fato de terem, cada qual, seu círculo de amizades. Têm atividades separadas: ele pratica ciclismo, tem atividades associativas e caritativas; ela faz ioga. As relações com as famílias de origem são administradas por cada um, separadamente. No plano sexual, em contrapartida, jamais completamente separados.

Ele tem a impressão de que eles tendem a resolver todos os seus problemas por evitação e distanciamento; portanto, há poucos conflitos.

Seu pedido atual se enuncia assim: eles devem ou não dar continuidade a seu casamento, embora se amem, já que não fazem nada juntos e não concordam, praticamente, a respeito de nada?

Eles desejam, pois, que alguém "dê uma olhada no casal". Fiquemos com essa expressão.

A situação de consulta parece-lhes muito familiar. Ficamos sabendo que eles fizeram uma primeira terapia de casal durante dois anos, já há algum tempo, e pelas mesmas razões.

Depois, Peter assumiu uma terapia individual para "falar de sua mãe". Por seu lado, Monique assumiu a prática da "meditação transcendental", com a qual está muito feliz, pois tem, segundo ela, "preocupações espirituais". Aqui também, embora aceitando os procedimentos do outro, cada qual nota que há divergências.

Muitas interpretações podem ser feitas dessa situação. Uma delas corresponde àquilo que nos pareceu uma fragilidade mais freqüente entre os casais recasados, ou seja, um problema de reconhecimento, de inscrição.

Observemos primeiramente a ausência de problemas na fase "persecutória" de sua vida de casados, depois o aparecimento de dificuldades, desde que passaram a ter de constituir uma identidade "positiva". É preciso, igualmente, observar a favor dessa hipótese sua relação particular com os terapeutas, dos quais eles parecem esperar mais um reconhecimento do que uma mudança. Como no primeiro caso, o terapeuta é requisitado para julgar a validade do casal, seu direito de existir. Parece que seu temor de terem de se separar está muito ligado à falta de atividades comuns, que eles consideram fora das normas. Eles se mostram muito críticos, muito atentos a seu funcionamento, sem suportar qualquer sinal de banalização que, visto de fora, poderia acarretar um julgamento de valor, que eles parecem adiantar, procedendo a uma autocrítica constante.

Nossa intervenção respondeu àquilo que percebemos da angústia do casal quanto à sua "legitimidade", suas dúvidas sobre seu direito de existir como casal: "Parece-me, eu lhes disse, que seu caso não depende de uma nova terapia. Efetivamente, vocês fazem poucas coisas juntos, mas sua relação permite que cada um de vocês viva o que lhe convém: formar um casal não é, necessariamente, aderir juntos a uma mesma tarefa; um casal não é uma associação ou uma dupla de bois puxando o mesmo carro! Vejo, em contrapartida, que cada um de vocês faz muito *para o casal*: como a terapia de Peter ou a meditação transcendental de Monique, que visam à melhoria de cada um e, para seu parceiro, menos inibição...". Em conseqüência, não há qualquer razão para prosseguir a terapia. A possibilidade de pedir uma nova consulta lhes é oferecida se, num dado momento, eles venham a *duvidar de sua validade social.*

CONCLUSÃO

A conclusão será dupla: uma parte pragmática, outra especulativa.

A parte pragmática

O terapeuta pode ser o último representante social encarregado de validar um casal. A esse pedido particular, embora não-específico dos casais recasados, é preciso saber responder, sem confundi-los com um pedido concernente a problemas relacionais que, com freqüência, são alegados como pedido inicial.

O exame do casal, em suas relações com o mundo exterior, não se refere somente à questão da aceitação de cada um dos parceiros pela família do outro, mas também ao reconhecimento de sua relação como tal pelo mundo exterior, pela família, pelos amigos. Nesse âmbito, as diferenças dos casais que um ou outro formava antes; da mesma forma, também ao exame das inscrições do novo casal: casamento, compra comum de um apartamento, projeto de um filho, projetos profissionais comuns etc.

Esse exame, em geral, põe em evidência uma fragilidade muito particular dos casais recasados com problemas de reconhecimento, casais que não têm problemas realmente, ou pelo menos não mais que os outros, a não ser que lhes falte algo fundamental: a convicção de ter o direito de ser, de viver.

A parte especulativa

Desde a redescoberta dos textos de Von Foerster, e com o construtivismo, acentuou-se a importância dos modelos descritivos utilizados pelos terapeutas para fazerem aparecer *realidades* (insistimos no plural). Disso resulta uma pesquisa de novos modelos, de novas metáforas, que permitam enriquecer nossas percepções.

Há vários anos, um modelo tem retido particularmente nossa atenção: o modelo "fractal" de Mandelbrot. A teoria dos "fractais" é fascinante, porque é transgressora por demonstrar a existência de isomorfismos. Isso pode parecer espetacular apenas para aqueles que, como nós, viveram com respeito religioso a necessidade de separar os níveis lógicos, como nos indicavam Whitehead e Russel em sua teoria dos tipos lógicos.

Para resumir, isso quer dizer que pode haver algo de comum entre o elemento e o grupo, o grupo e um conjunto que o contém etc., uma estrutura repetitiva, não do mesmo, mas um elemento estrutural repetitivo.

Até agora, essa metáfora permaneceu, pelo menos para nós, estéril. Mas — e essa é uma linha de pesquisa —, a partir do momento em que se "descobre" que uma pessoa não pode se auto-reconhecer, que ela tem necessidade de pertencimentos para ser identificada, que também os próprios grupos de pertencimento — aqui falamos de casais recasados — estão na mesma situação de não poderem se auto-reconhecer, *então, podemos imaginar ou criar uma realidade na qual os mitos: individual, de casal, familiar, social se inscreveriam num* continuum *ritmado de estruturas encaixadas, tendo pelo menos um significante comum.*

Isso mostra que o interesse pelos casais... como viver em pares, felizmente, às vezes reserva surpresas.

3

Quando o Corpo é o Terceiro no Casal

O corpo pode representar o terceiro no casal. As queixas ou os temas dos pedidos de consulta de casal, com freqüência, referem-se ao corpo do parceiro, que é chamado para se explicar. Problemas de alcoolismo, de toxicomania, mas também de frigidez, de impotência, para não falar das oportunas cefaléias femininas ou das dores dorsais masculinas, que não deixam por menos...

"Estou com dor de cabeça de tanto tentar lhe impedir de me provocar uma enxaqueca!" exclama a jovem Gill no livro de Ronald Laing,[1] frase que Jack ecoa: "Você me dá dor de barriga... Para que você deixe de me dar dor de barriga, eu me defendo tensionando os músculos do meu ventre, o que causa a dor de barriga que você me provoca".

O problema aqui não é a saúde do corpo, mas a vida de um casal: um sintoma psicossomático, qualquer que seja sua importância, pode às vezes resolver o problema de um casal ou desencadear uma crise.

Este é o caso de Claire e Paul.

Claire tem 45 anos, divorciou-se há cinco anos, e é conselheira em uma organização. É uma pessoa de baixa estatura, gorda, vivaz, simpática. Às vezes, ela se mostra abatida, com um olhar patético. Em outros momentos, se comporta com verdadeira fúria, e sua linguagem é das mais picantes.

Paul tem quarenta anos. Ele é do tipo longilíneo, magro, com sorriso nos lábios. Ele também divorciou-se há alguns anos, e faz pesquisas em um campo científico abstrato.

---

1. R. D. Laing. *Noeuds*. Paris, Stock, 1971.

Nenhum dos dois tem filhos e vivem juntos há três anos.

O pedido de ajuda é sobretudo expresso por Claire. Ela se considera lesada e se coloca como vítima. Paul era, disse ela, "dotado de qualidades sexuais fora do comum". Atualmente, ele não apenas não faz amor com ela, como, da última vez em que ela se aproximou, ele foi tomado por violentas náuseas. Ele diz que somatiza. De fato, parece desolado com isso, mas argumenta que não pode comandar seu corpo.

Claire intima-o a retomarem as relações, mostrando que ela interpreta seu sintoma como resultado de má vontade, senão de agressividade.

Ambos estão muito infelizes, pois pensam e dizem se amar sinceramente e têm muita ternura um pelo outro. Seu desânimo é sincero.

Ambos têm antecedentes depressivos e temem, manifestamente, um desenlace fatal para seu relacionamento.

Sua relação apresenta-se simétrica: ele diz não ter domínio sobre seu sintoma! É seu corpo, não se pode forçá-lo. Ela pensa, ao contrário, que ele se nega. Ela o vê como um médico psicossomático clássico perante seu paciente: numa epistemologia tradicional, o terapeuta pensa que o paciente tem sua solução.

A abordagem contextual é a que propomos para os casais, pois permite descentralizar o problema, evitando uma relação simétrica: duas vontades que se opõem num combate ideológico.

Certamente, não se trata de substituir Claire e tentar conseguir que Paul renuncie a seu sintoma. Uma simples observação relacionada à responsabilidade dela, seu aspecto reivindicativo, "castrador", não teria muito efeito.

Poderíamos ficar atentos ao aspecto circular de suas interações: quanto mais ela pede, menos ele pode dar; portanto, quanto mais ela pedir... e procurar livrá-los desse círculo vicioso, dessa engrenagem.

Uma outra possibilidade seria captar a dinâmica da dificuldade do casal, nesse pequeno conjunto que existe e evolui há três anos. No começo, Paul era particularmente arrojado. O que aconteceu, que modificou tão profundamente sua relação, inclusive sexual?

Um acontecimento marcou uma mudança, um mal-entendido. Ele quis fazer-lhe uma surpresa, um presente importante: a restauração do apartamento de Claire. Para isto ele devia vender seu próprio apartamento. Ora, como ele diz, ela se "imiscuiu", sem saber que ele tinha a intenção de oferecer-lhe o produto da venda, e ela proibiu com veemência uma operação que julgava desfavorável!

Esse mal-entendido, que nunca foi elaborado, esclarecido, coincidiu com o início das dificuldades sexuais de Paul.

Nesse nível, pode-se interpretar as dificuldades como uma interrupção, um bloqueio, uma recusa de ir adiante, que tem como função lembrar a crise que nunca eclodiu e que poderia suprimir os mal-entendidos, mas arriscava modificar suas relações, suprimindo algumas ilusões!

Enfim, pode-se estar sensível a um outro aspecto: a irracionalidade de sua conduta.

Seu objetivo parece ser o do prosseguimento do relacionamento, mas ele, por seu desinteresse sexual, e ela, por sua insistência, tornam a relação cada vez mais frágil. Ambos têm consciência disso e, no entanto, isso parece não levá-los a mudar de atitude. Ela diz: "Ele faz isso para ser abandonado", e acrescenta: "Eu estou pronta para que isso aconteça".

A hipótese seguinte pode dar conta desse comportamento absurdo, que pressagia aquilo que é visto por cada um deles como um drama: um novo fracasso, a perspectiva de solidão, a perda de afeto, que se tornam inevitáveis se não mudarem de atitude. O que está em causa, segundo nossa hipótese, é ainda mais precioso: cada um joga sua identidade em sua relação de casal.

Um casal é algo diferente de um mais um, é isso o que representa o terceiro, aqui metaforizado pelo pênis de Paul, verdadeiro representante do casal, objeto de suas preocupações, totem, emblema, bandeira... no momento a meio pau, impedindo toda e qualquer relação íntima; quer dizer, impede a real entrega da intimidade ao outro, tornando assim a relação sexual o que há de menos íntimo no interior do casal.

Assim, eles lembram um e outro, um por sua impotência insistente, o outro por sua insistência impotente, que um casal é também outra coisa. Um casal não é só uma relação, é também um grupo, certamente, um pequeno grupo, mas é um grupo, um "clube" que se decidiu constituir, mas do qual também se é membro.

É preciso, ainda, que esse clube tenha seus padrões! "Eu jamais seria componente de um clube que me aceitasse como membro", exclamava Groucho Marx.

"Eu jamais seria componente de um casal em que o respeito pela intimidade para ambos não figure no regulamento", parece dizer Paul.

O problema é que Claire pensa que se ela não se der sem reservas, não é leal para com Paul.

— Claire ama a reserva de Paul,
— mas não pode aceitá-la,
— pois ela pensa que Paul a ama em sua generosidade invasora...
— que Paul não pode aceitar
— pois Claire ama sua reserva.
— *Da capo.*

Essa fórmula, de aparência sutil, desencadeou uma viagem à Grécia e, dizem eles... um milagre que se repetiu, o que é raro para um milagre...

Mas em termos psicossomáticos, assim como em termos de casal, roga-se deixar a racionalidade no vestiário...

Um segundo exemplo: Ela tem 35 anos e nós a chamaremos Frédégonde; ele tem 37 anos, e o chamaremos de Siegfried.

Cada um deles tem uma história familiar difícil, que eles expõem logo no início: durante a Segunda Guerra, seus avós, que se conheciam desde a infância, ficaram em campos opostos, e cada um em postos de responsabilidade. A história terminou mal para um deles. O casal, ao mesmo tempo, transgride as ideologias respectivas de cada grupo de origem, e a expressão de um desejo de reparação quase nacional. É claro que, partindo de um mito assim elevado, eles tinham boas chances de encontrar dificuldades no cotidiano e, em particular, no âmbito sexual. Foi a idéia que logo ocorreu ao terapeuta, talvez um pouco enciumado de um mito tão belo...

Siegfried está em terapia há alguns meses, devido a uma depressão ligada a problemas conjugais, de relacionamento com sua própria mãe, e profissionais.

Frédégonde também se deprime, mas se recusa a ir à terapia, pois não suporta a insistência do marido para que ela assim proceda; ela tem a impressão de que ele a considera a única responsável pela situação.

De fato, Siegfried atribui, a ela a causa atual das dificuldades do casal. O que ele reprova nela? Ela tosse constantemente! Ela admite que está com essa dificuldade, mas embora tenha consultado diversos médicos, em várias ocasiões, o sintoma não desaparece.

113

Seu sintoma não é evidente para nós: durante as entrevistas, Siegfried tosse com muito mais freqüência e bem mais forte do que ela.

No entanto, eles estão de acordo ao dizer que a tosse de Frédégonde cria problemas... Ele não suporta quando ela tosse, porque dá provas do pouco cuidado que ela tem com seu corpo: ela não tem apenas um problema de tosse, mas também engorda, não vai ao cabeleireiro, abandona-se...

Ela responde que não suporta que ele a aconselhe ou que lhe dê ordens...

O problema sexual surgiu bem rápido. Eles praticamente não têm relações sexuais desde o nascimento de seu segundo filho que, atualmente, tem quatro anos.

Ela diz que nunca "ligou para a coisa", e, atualmente, ainda menos do que o habitual. Ele expressa que ela nunca foi uma parceira satisfatória, que lhe falta totalmente imaginação e até mesmo um mínimo de entusiasmo nas relações sexuais.

Ambos estão de acordo em um ponto: não querem destruir seu casamento, mesmo porque têm uma aguda consciência de sua responsabilidade diante de suas famílias de origem. Eles se reconhecem no papel de reparadores, de reconciliadores da história das duas famílias. Segundo eles, são os filhos que reconciliam a história... Sua responsabilidade reparadora se estende à avó paterna e ao avô materno, ambos providos de uma forte personalidade, até egocêntricos, cujas atitudes intransigentes provocam muito sofrimento ao seu redor.

Eles concordam que são prisioneiros do modelo de alienação circular que o terapeuta pôde reconstituir:

— Frédégonde tosse...

— Siegfried se irrita, lhe dá conselhos sobre o modo como ela deve se cuidar.

— Ela se irrita com suas observações e decide recusar relações sexuais...

— ... O que o torna irritadiço e faz com que ele não suporte que ela tussa.

— Ora, Frédégonde tosse...

— *Da capo*

Neste ponto, podemos propor algumas hipóteses: num primeiro nível, é possível elaborar fantasmas sobre essa tosse, que organiza uma patologia relacional com redundâncias alienantes, cujo produto é uma abstenção de relações sexuais. O casal se apresenta como puro

114

produto de um mito de fidelidade, um contrato de confiança sobre sua função, ou seja, reparar as famílias de origem.

Pode-se observar, também, que esse sintoma talvez os proteja do pior, de uma decepção ainda maior: que ele não esteja à altura do papel de iniciador sexual que pretende ser, ou que ela se revele com uma sexualidade transbordante ou, pelo menos, que o supere.

Em termos míticos, a tosse é sinal e fonte de "irritação" tanto para ele quanto para ela, porque remete ao "orgânico" do casal. Isso contrasta com o ideal do casal, sua linha oficial, que justifica sua existência pelo devotamento às famílias de origem. A tosse torna-se, verdadeiramente, "indecente", mais ainda porque sua origem sexual é quase evidente. Talvez ela represente a verdade íntima do casal, seu "absoluto", diria Philippe Caillé? Eles só podem se mostrar "irritados" diante dessa manifestação, que parece distanciá-los do ideal de sacrifício, de devotamento, de oblação desses "bons filhos": Como "bons filhos" poderiam ter uma sexualidade, senão mostrando-se "irritados" com isso?

A formulação que lhes foi feita dessa última hipótese desencadeou uma torrente de confidências, algumas bem cruas, em que Frédégonde e Siegfried puderam clamar sua longa frustração, condenados que se acreditavam a ser nada mais do que reparadores devotados de famílias mais preocupadas em assegurar um futuro a seus ascendentes do que a seus descendentes!

A tosse num caso, o pênis abatido no outro, mas também a frigidez, as hiperestesias cutâneas, as perturbações maciças do sono, as enxaquecas, as cervicalgias, as dorsalgias e outros tantos sintomas puderam mostrar seu verdadeiro *valor significante da intimidade de um casal em dificuldade*. Esses sintomas devem chamar a atenção, sobretudo se forem rebeldes, e até se se agravam com tratamentos individuais, de inspiração organicista ou psicoterápica.

***

Post-Scriptum: A questão da relação *psique-soma* é uma das mais difíceis, embora se preste facilmente a interpretações simplificadoras, redutoras, que, com freqüência, têm agravado o problema . que pensavam resolver. Eu não sou um especialista em psicossomática e, por isso, os poucos pontos levantados devem ser considerados pelo que são: hipóteses.

A primeira observação refere-se às armadilhas dos hábitos lingüísticos. Alguns pensam que a linguagem é o que permite expressar as idéias e os pensamentos. Eu estaria mais entre aqueles que pensam que a linguagem os determina.

Se tomamos o exemplo da expressão "doença psicossomática", de imediato ela coloca o problema de evocar um dualismo essencial, psique de um lado, corpo do outro, e sugere a idéia de uma relação. Jamais alguém pôde operar uma clivagem tal como o criador de Frankenstein pôde fazer no cinema: corpo de um lado, psique representada pelo cérebro do outro. Daí a idéia de uma troca possível de *psique* e de *soma*, que emerge regularmente na literatura e nos filmes de ficção científica e de terror.

Isso pode parecer anódino. Mas trata-se, sob a expressão "doença psicossomática", de uma metáfora, que engendra teorias tenazes, em que vão se perder os pesquisadores desse campo, em busca de uma relação imaginária que uniria dois elementos que não são isoláveis. Francisco Varela pôde renovar as pesquisas relacionadas à imunidade mostrando o efeito esterilizante da metáfora guerreira, habitualmente utilizada.

Segundo a posição clássica, o organismo se defende contra os elementos estranhos, exóticos, e outros, alógenos, produzindo anticorpos que vão neutralizá-los. O batalhão valente de linfócitos é encarregado dessa tarefa, age como polícia, e preserva a pureza do corpo. A metáfora não é apenas guerreira, ela é, como vocês podem ver, nacionalista!

Ora, o reforço das defesas imunológicas, habitualmente procurado por seu efeito curativo tanto cria quanto resolve problemas: como nas chamadas doenças do sistema auto-imune, na Aids. Nos dois últimos casos, o objetivo é bem mais permitir ao corpo compor com aquilo que ele considera seu inimigo do que reforçar a luta simétrica, que pode, no limite, conduzir à morte com a cura.

Da mesma forma, parece-me que introduzir a família, o casal, na dinâmica corporal, ou o corpo no casal ou na família, pode humanizar, triangular a relação do terapeuta com seu paciente, permite passar de um dualismo essencial *corpo-psique* para chegar, nos melhores casos, a uma triangulação desculpabilizante do sintoma psicossomático. É por isso que intitulei essas poucas proposições "quando o corpo é o terceiro no casal" e não "casal e psicossomática".

116

4

Casal "normal", Casal "ideal":
O Teste de Liberdade

INTRODUÇÃO

Em uma sessão de supervisão, uma colega apresenta uma situação de terapia de casal. Trata-se de um casal jovem, constituído há três anos, embora os protagonistas já tenham, ambos, quarenta anos. Ela é pesquisadora, e vem de uma família abastada. Tem dois filhos, de pais diferentes. Nunca viveu maritalmente, nem com um nem com outro. Ele é escritor. Tem uma certa tendência à bebida, nunca se casou, viveu com mulheres durante breves períodos. Sua relação ocorreu como um relâmpago. Ela é ruiva, exuberante, e ele tem um perfil romântico.

Sua relação é caótica e violenta. Eles fazem cenas, durante as quais objetos podem ser quebrados e alguns golpes podem ser dados por ambos. Ele é financeiramente dependente dela, embora "ameace" regularmente trabalhar. A colega atende esse casal há cinco sessões e tenta explorar suas comunicações e suas relações. Mas o questionamento circular, cada vez mais detalhado, só agrava a situação; cada membro do casal usa as respostas do outro como uma arma para agredi-lo. Na última sessão, ela se levantou e bateu violentamente no cônjuge, e as terapeutas ficaram espantadas. A terapeuta não trabalha só. Uma colega fica presente na sala de terapia, porém mais recuada.

Como fazemos em supervisão, perguntamos à terapeuta o que ela pensa da relação desse casal. Ela expressa muito claramente que, com um sistema de comunicação tão "perverso", deseja que esse casal se separe logo. A co-terapeuta parece ter outra opinião, e mostra um certo otimismo quanto ao resultado da terapia. Ela está longe de ser também negativa, acha-os até simpáticos. A terapeuta parece pouco convencida.

O "Teste de Liberdade"

Essa situação, evidentemente, é problemática. A terapeuta está consciente de sua falta de neutralidade, no sentido em que J.-F. Cecchin utiliza essa palavra: sua curiosidade é limitada e sua opinião, predeterminada.

Propomos às duas terapeutas que procedam a uma avaliação de sua norma de casal (o casal "para os outros") e do casal ideal (o casal "para si"): a primeira avaliação concerne ao que cada uma delas, *como terapeuta*, considera um funcionamento desejável para um casal.

O casal ideal é aquele *que elas desejam para si*, o casal que elas desejariam constituir pessoalmente.

Nós lhes pedimos que classifiquem, na ordem de sua preferência, quatro aspectos do casal, quatro expectativas distintas. Embora esses quatro pontos de vista sejam complementares, pedimos-lhes para classificá-los de acordo com a importância que atribuem a cada critério, ou para decidir aqueles aos quais renunciariam com maior ou menor facilidade.

A escolha do parceiro

Trata-se da importância atribuída às qualidades do parceiro específico no casal: beleza, atrativo sexual, inteligência, *status* social, nível cultural etc., e dos sacrifícios a realizar para conservar esse "objeto idealizado".

A qualidade das relações

Trata-se da importância dada à qualidade das comunicações, das relações no casal. Isso não significa que os parceiros devam estar sempre de acordo, mas que as comunicações sejam claras quanto aos temas importantes: educação, sexualidade e as relações satisfatórias no conjunto, particularmente no plano sexual... e ao mesmo tempo no plano digital e analógico.

A estabilidade do casal

É a importância atribuída à duração da relação, à possibilidade de estabelecer projetos comuns, a médio e longo prazos.

O desenvolvimento pessoal do casal

Trata-se de poder desenvolver projetos pessoais e preservar sua criatividade própria, graças ao casal: projetos profissionais, desenvolvimento psicológico individual, desenvolvimento intelectual, realização sexual...

Os resultados

Foi pedido às duas colegas que procedessem a duas classificações: uma do ponto de vista do terapeuta (que elas são) e a outra de um ponto de vista pessoal.

A classificação será a seguinte:

A terapeuta, quer de sua posição como terapeuta quer num plano pessoal, colocará o item 2 (importância atribuída às comunicações e às relações) sempre primeiro, o item 4 (desenvolvimento pessoal no/e graças ao casal) ficando longe, atrás:

2 — 3 — 1 — 4 ....norma de casal,
2 — 1 — 3 — 4 ....ideal de casal.

A co-terapeuta, de um ponto de vista profissional, colocará o item 3 (estabilidade) primeiro, seguido do item 4, depois o item 2 e depois o item 1. No plano pessoal, o item 4 (desenvolvimento pessoal) será o primeiro:

3 — 4 — 2 — 1 ....norma de casal,
4 — 3 — 2 — 1 ....ideal de casal.

Assim aparece claramente, na terapeuta, um ideal tanto pessoal quanto profissional de "boa comunicação" no casal, oposto ao de sua colega, que privilegia o desenvolvimento pessoal.

A terapeuta descobre que esse casal, por causa de sua constituição particular, às suas prioridades, naturalmente, lhe impõe um problema: trata-se de um casal que não tem grande interesse pelo tipo de comunicação ou de relação que possam ter, que, para eles, é da ordem da "intendência". De qualquer forma, seu contexto de vida dá a ambos satisfações nesse plano. Seu narcisismo individual é importante e, ao que parece, o casal dá a cada um a possibilidade de ir adiante com seus próprios projetos, o que corresponde bem mais ao ideal da co-terapeuta (item 4). Compreende-se, então, que uma deseje a separação do casal, confrontada que está com "comunicações e relações" tão desastrosas, enquanto a outra, a co-terapeuta, pode dizer que, afinal, cada um tira seu proveito no jogo, embora, efetivamente, sua relação possa parecer perturbada.

Esse reenquadramento permitirá que a terapeuta, posteriormente, explore o interesse que cada um dos parceiros tem no casal, e que encontre um papel mais funcional nessa terapia.

OBSERVAÇÃO TEÓRICA E CONCLUSÃO

Utilizamos essa técnica projetiva em várias ocasiões, com terapeutas, mas também com estudantes e, às vezes, em terapias de casal. As respostas mostram uma prevalência considerável do *item 2 em todos os casos*, apontando assim a prevalência de uma ideologia da "boa comunicação".

É verdade que, apresentando o mesmo teste em outra época, obtivéssemos resultados diferentes, embora seja impossível confirmar isso. Pode-se imaginar que, no início do século, o item 3 — estabilidade do casal — provavelmente teria sido a resposta mais freqüente, e que o item 1 — escolha do parceiro — teria sido mais valorizado em períodos mais românticos.

A escolha desses diferentes itens não é fortuita. As quatro proposições correspondem a quatro visões complementares do casal, correspondendo a quatro descrições que utilizam lógicas, modelizações e linguagens diferentes. Aqui podemos apenas remeter ao capítulo "Introdução a uma terapia familiar construtivista", no qual esses níveis são explicitados de forma mais completa. De fato, os quatro itens propostos correspondem a quatro espaços mentais, quatro arquiteturas, quatro relações com o mundo, fazendo surgir realidades diferentes e exclusivas entre si, apesar de complementares.

A primeira questão, avaliação em termos de escolha do objeto, corresponde a uma visão linear do mundo: apreensão do mundo em termos de elementos separáveis entre si. O observador é "objetivo" e pode comparar diferentes objetos, suas qualidades, suas falhas, ou clivar cada objeto em partes.

A segunda questão, o aspecto relacional no casal, corresponde a uma visão circular em *feedback*, lógica de primeira grandeza da cibernética. O mundo criado por essa lógica desconhece os elementos e a qualidade de cada elemento, mas faz aparecer comunicações entre os elementos, as redundâncias, as distorções, os paradoxos comunicativos etc.

120

A terceira questão, a estabilidade do casal, remete ao mundo sistêmico clássico: aqui o observador se atém a criar um mundo em evolução. O elemento tempo concerne a um conjunto de elementos que evoluem em patamares sucessivos, destacados por crises. Essas crises correspondem à irrupção de elementos novos no sistema; seu advento é predizível, mas não seu término. São crises que asseguram, paradoxalmente, a perenidade dos sistemas.

A quarta questão, a do desenvolvimento pessoal do casal, corresponde a uma visão auto-organizacional, sendo o casal co-criado por seus dois componentes que, em contrapartida, devido a seu pertencimento, por sustentarem seus mitos, por participarem de seus rituais, recebem do próprio casal uma identidade de pertencimento.

Esse curto resumo de quatro leituras do mundo do casal, com certeza, não exclui outras leituras. Mas esse pequeno dispositivo permite que cada um avalie aquele que corresponde à sua norma de casal, ou do casal sonhado, casal ideal, mas igualmente o modelo, a leitura que será privilegiada num encontro com um objeto qualquer: cada qual poderá determinar sua "preferência" por esta ou aquela leitura, objetivante, comunicacional, evolucionista, auto-organizacional. Cada um poderá determinar quais leituras, por diversas razões, lhe são proibidas ou que se sente menos autorizado a utilizar. Essa última avaliação remete cada um à sua própria história, àquilo que, em seu contexto familiar, era a linguagem privilegiada, linear, circular, sistêmica ou auto-organizacional: "Se não vejo que sou cego, eu sou cego; mas se vejo que sou cego, eu vejo...".

Referências Bibliográficas

CAILLÉ, P. *Un et un font trois*. ESF , 1991.

CECCHIN, J. F. "Hypothesizing circularity and neutrality revisited: an invitation to curiosity". *Family process*, 4, dez., 1986.

FOERSTER, H. von. "On constructing a reality". In: *Observing systems*. Inter-systems Publication, 1981.

NEUBURGER, R. "La cociéation thérapeutique". In: *Irrationnel dans le couple et la famille*, ESF, 1988.

_____. "Éthique de changement, éthique du choix: une introduction à la thérapie familiale constructiviste". In: *Système éthique et perspectives en thérapie familiale*, sob a direção de Y. Rey e B. Prieur. ESF, 1991.

TERCEIRA PARTE

AS TERAPIAS DE FRATRIA

Introdução

Numerosos problemas, alguns simples, outros graves, parecem estar relacionados não somente a uma problemática interfraternal, mas também aos esforços dos pais para gerir essas relações. Essa ação dos pais se assemelha, estranhamente, aos esforços dos filhos, em geral incompreendidos, para tentar gerir os conflitos no âmbito do casal parental: manobras de desvio, sintomas focalizantes, intervenções diretas mais ou menos hábeis...

Os dois subsistemas que compõem a família atual, o casal e a fratria, estão longe de ser insensíveis um ao outro. Os sintomas e os sofrimentos do outro subsistema podem adquirir importância considerável em função da história dos parceiros do grupo.

Pode tratar-se de um superinvestimento, como em certas famílias recompostas, ou de uma superinquietação. Observamos que os pais que reagem mais violentamente ou que se mobilizam com maior facilidade quando ocorrem conflitos na fratria foram, por um lado, filhos únicos, pouco habituados às relações de rivalidade e, por outro, vieram de famílias em que os fantasmas fratricidas ou os incestos fraternos eram manifestos, quer tenham havido ações concretas quer a história desses medos se perca na noite dos mitos familiares...

Descreveremos, primeiramente, nossas observações concernentes aos efeitos dessa gestão dos conflitos de fratria e aos sintomas que ela pode induzir; depois, propomos oferecer, nesses casos, uma "terapia de fratria" durante uma terapia de casal, o que requer uma técnica específica e desenvolvimentos que desejamos suscitar com nossas hipóteses.

1

A Escolha de uma Fratria

Atualmente, o domínio do processo de procriação torna possível a decisão de se querer ter mais de um filho, fazer a escolha de criar uma fratria.

As motivações dos pais são diferentes, como se pode constatar perguntando: Por que um segundo, um enésimo filho, *por que uma fratria?* Certas motivações dos pais são puramente narcísicas. Não recorrem à noção de fratria. E também pelo desejo de um segundo filho, "estepe", ou de uma segunda procriação a fim de evitar uma relação fusional com o primeiro, ou ter um filho de sexo diferente.

Outras motivações demonstram um desejo específico: que o filho possa adquirir um sentido social que se desenvolveria com outros filhos, que ele possa desenvolver um sentido de fraternidade.

No entanto, a relação fraterna não parece ser o lugar em que se observa mais fraternidade, em que ela é mais evidente. Embora a fraternidade não pareça excluída das relações fraternas, observa-se com maior freqüência uma gama de sentimentos que vão da indiferença, disfarçada ou verdadeira, ao ciúme, à inveja, ao desejo de excluir e até de fazer desaparecer, de matar o outro ou, inversamente, vínculos de amor que nada têm de "fraternos" em sua natureza, mas em que o sexual e o passional se disputam. Os filhos nos dão provas, diariamente, de que, se é preciso desenvolver um sentido de fraternidade, o lugar mais apropriado é bem mais a escola do que a família.

Fraternidade e "Fratitude"

Com Philippe Caillé, propusemos a introdução do termo "fratitude", para indicar os vínculos entre irmão e irmã, conservando a palavra "fraternidade" para o sentido de: "Somos todos irmãos".

O estudo etimológico dos termos de parentesco significando irmão e irmã parece ir nesse sentido. Na Grécia antiga, *phratría* era um grupo de homens ligados por um ancestral comum, um pai mítico. Era uma "confraria", cujo objetivo era criar um sentimento de fraternidade entre seus membros.

Para designar irmãos e irmãs dos mesmos pais, os gregos tiveram que encontrar um outro termo, *adelphós*, que resultou em *adelphè* para a irmã. Esse termo, *adelphós*, significa co-uterino: saído do mesmo útero. Enfatizaremos o primado do materno nas fratrias biológicas, oposto ao pai mítico da fratria.

O latino, para distinguir fraternidade de "fratitude", criou *frater*, de um lado, e *frater germanus*, irmão de sangue, do outro, que resultou, em espanhol, no *hermano*. O italiano contemporâneo distingue as *suore*, religiosas, e as *sorelle*, irmãs co-uterinas. Apenas o francês contemporâneo confunde os termos significando "fratitude" e vínculos de fraternidade, fazendo da família o equivalente de um corpo social como a Igreja ou a Nação, em que deveria reinar um sentimento de fraternidade.

Uma observação concernente à fratria: o equivalente feminino de fratria, em indo-europeu, é *swor*, a sororidade. Embora seja o equivalente feminino de fratria, não é o simétrico. Curiosamente, não há fraternidade feminina, ou seja, um grupo de mulheres unidas pelo mesmo ancestral mítico. *Swor* designa simplesmente a parte feminina da sociedade, o que explicaria — é uma hipótese — a solidariedade feminina, que parece transnacional, transcultural.

AMOR E ÓDIO

Quaisquer que sejam os fantasmas de fraternidade que mobilizam os pais, quando põem na cabeça conceber o projeto de uma fratria, de criar uma fratria — aliás, fantasma em geral mais marcado de ingenuidade entre os pais que foram filhos únicos — , eles rapidamente enfrentam o fato de que devem se preocupar, a partir do segundo filho, não apenas com suas relações com a criança, mas também com as relações entre os filhos. Essas últimas são de duas ordens.

A primeira preocupação que os pais vão descobrir é que devem impedir os filhos de se matarem uns aos outros. J. Lacan introduziu o conceito de complexo de intromissão, reação estruturante e, às vezes, desestruturante da criança confrontada com a irrupção de um intruso, de um outro ele-mesmo, de um outro filho. Ele situa esse "complexo" entre os complexos de desmame e de Édipo. Fez dele uma experiência primária determinante, em que o desejo de morte relacionado ao outro parece ser uma constante. Com freqüência, para os jovens pais, a descoberta dolorosa de condutas dos filhos contraria o mito da fraternidade; assim, acontece de se encontrar o primeiro filho de tesoura na mão, mostrando claramente sua intenção de enfiá-la nos olhos do irmão menor ou, ainda, indicando em sua linguagem que esse recém-chegado não passa de um excremento, bom mesmo para ser posto no lixo.

Essa preocupação — de que os filhos não se matem — pode ser objeto de pedido de consulta, raramente declarado de imediato. É falando da violência de um de seus filhos que os pais podem, num segundo momento, desvendar seu medo de que ele faça mal, mutile ou mate um de seus irmãos. Notemos, nesse caso, que a violência é atribuída ao filho; o mito da fraternidade não é questionado.

A segunda preocupação, que os autores da fratria vão descobrir — aqueles que se arriscaram nessa aventura — é que eles devem conseguir que os irmãos não sejam muito próximos.

Pode ocorrer uma relação de gemelidade fusional, que não está reservada aos gêmeos, criação de uma díade fechada e com linguagem própria ao pequeno par; os pais consideram essa díade antifamiliar e anti-social. Ou comportamentos de proxemia sexual, chegando ao incesto, são temidos, até descobertos.

GERANDO AS RELAÇÕES FRATERNAS

Os pais enfrentam uma tarefa difícil, na qual têm um papel ativo a desempenhar: como impedir que os filhos se matem, ou como impedi-los de se fusionarem.

A sociedade criou dispositivos destinados a gerir a relação entre filhos de uma mesma fratria. O Direito criou a noção de herança. Até o século XIX, a noção de herança permitiu administrar as relações entre irmãos e irmãs. O fato de os pais disporem de uma certa liberdade na transmissão dos bens criava, entre os filhos, uma relação de futuros co-herdeiros, que os impedia, em certa medida, de demonstrar muitos conflitos ou relações fusionais, pelo menos na aparência e até a morte dos pais. Esse dispositivo perdeu muito de sua força atualmente, pois os herdeiros são poucos e os pais pouco transmitem, devido à velhice prolongada. Entretanto, há pouco tempo o legislativo propôs um novo sistema de doação que permite reintroduzir essa gestão pela expectativa, pela promessa de uma doação financeira, que module as relações no interior da fratria.

No interior da família há outros dispositivos. A interferência dos pais nas relações fraternas parece ineficaz. Em contrapartida, a relação dos pais entre si — relação do casal e aquilo que é transmitido por ela aos filhos — parece ser uma poderosa ferramenta para administrar as relações interfraternas. Se você deseja reaproximar seus filhos, que lhe parecem muito distantes, você pode, por exemplo, se empenhar num conflito narcísico de casal, ou mostrar uma considerável paixão de casal, como se os filhos não existissem. Isso tem o efeito, bem constante, de reaproximar os filhos.

Se, ao contrário, você deseja distanciá-los, dê mostras do mesmo conflito, mas desta vez procurando alianças com os filhos, cada membro do casal procurando entre eles um partidário.

DA GESTÃO À INSTIGAÇÃO

Em obra recente, *Os jogos psicóticos na família*,[*] Mara Selvini Palazzoli e sua equipe formularam a hipótese de um jogo familiar na origem da psicose. Jogo familiar que podemos resumir assim: existiria um conflito familiar, assim como um conflito de casal. Pois trata-se, para os parceiros do conflito, de "instigar" um ou vários filhos, ou seja, obter deles comportamentos que sejam particularmente penosos ou odiosos para com o adversário no conflito, o cônjuge, no caso. Mas para obter isso do filho é preciso motivá-lo com uma promessa de amor: é-lhe prometida, implicitamente, uma relação privilegiada futura. O jogo se instaura, o filho instigado tem comportamentos que parecem estranhos, mas que podem ser muito eficazes no casal. Com o tempo, o cônjuge visado se distancia, ou podem ser encontradas soluções para o conflito. O filho instigado espera ser recompensado obtendo a relação privilegiada. Mas se decepciona e se engana, pois a promessa implícita não é mantida. Se, por exemplo, o cônjuge visado modificou seu comportamento, o cônjuge instigador logo descobre um outro adversário ou parceiro de conflito, e o jogo prossegue. O filho instigado encontra-se em uma situação penosa, pois consagrou uma parte de seu tempo, de sua energia, tentando ajudar seu pai ou sua mãe, sem no entanto obter a recompensa esperada.

---

* Publicado no Brasil pela Summus Editorial, em 1998.

É claro que aquilo que ele deseja obter, ele não pode reivindicar: não se pode reivindicar uma relação privilegiada transgeracional a partir de um contrato secreto e ilícito. Uma saída para ele é tornar-se "psicótico". Isso permite, por meio de comportamentos aparentemente irracionais, obter precisamente a atenção à qual ele pensa ter direito.

Nossa experiência com famílias psicóticas levou-nos a esboçar a hipótese selviniana, particularmente sobre esse ponto da realidade do conflito familiar.

Caso da família L. Os pais têm cerca de sessenta anos, têm três filhas com idades entre 25 e trinta anos. As três apresentam comportamentos psicóticos há vários anos. Uma delas vive a cinqüenta metros da casa da família, sozinha, e tem comportamentos obssessivos; a segunda vive na casa, nunca sai, tem crises de violência à menor contrariedade; a mais velha está hospitalizada em instituição psiquiátrica há muitos anos. Os pais nos confidenciam, por telefone, que as filhas não suportam se encontrar. Nós as vemos uma por vez junto com os pais. A cada encontro, e diante de cada uma das filhas, a mãe se entrega a um feroz ataque contra o pai, chamando-o de todos os nomes, acusando-o de todas as fraquezas. As filhas se mostram aterrorizadas diante da violência materna. As sessões, sob esse aspecto, se mostram rapidamente repetitivas.

Um dia, com uma das filhas doente, o casal se apresenta sozinho para a consulta. Eles se mostram excepcionalmente calmos e decidimos abordar a questão de seus conflitos e dificuldades. Para nossa grande surpresa, ambos se mostram cândida e sinceramente admirados: "Que conflito de casal? Quais dificuldades? Como vocês querem que nos interessemos por nosso casamento quando temos tantas preocupações com nossas filhas? De qualquer forma, nós nos entendemos bem, aliás, trabalhamos juntos e sabemos nos organizar muito bem".

Ouvindo-os, tínhamos uma impressão de irrealidade, pois conservávamos a lembrança da violência de sua comunicação na presença de cada filha. Uma hipótese alternativa surgiu para nós: talvez eles fossem pais que faziam — certamente de modo extremo — o que todos os pais ensinam: eles administravam as relações, a distância entre os filhos utilizando um alegado conflito de casal, um conflito inventado, mostrado, levando as filhas a se voltarem umas contra as outras, cada qual defendendo alternativamente um membro do casal. O efeito desse jogo era uma clivagem total entre as filhas, que não podiam — tanto que não se suportavam mais — sequer se encontrar, nem por ocasião de uma reunião de terapia familiar.

Não havia conflito de casal, mas fantasmas fratricidas extremamente ativos nos pais. As filhas não eram instigadas a um conflito, mas, sim, a participar de uma luta interminável, imaginária, cujo efeito era distanciá-las.

Pudemos reencontrar o mesmo esquema de funcionamento em outras famílias psicóticas. Não se encontra aquilo que se procura, é claro, e nossas questões exploram as relações fraternas tais como elas são vividas pelos pais: Como os pais vivem as relações entre os filhos? Essas relações foram objeto de preocupações antes do aparecimento da fratria? Após o aparecimento? Elas prosseguem? Em sua própria história, como foram as relações fraternas? etc. Com bastante freqüência, pedimos que a família faça desenhos que a representem. Os desenhos de sua família são, sob esse aspecto, eloqüentes e mostram, por parte dos filhos, em geral maiores e tendo já suas famílias, um sistema focalizado, centrado nos pais, relações pais-filhos geralmente em "raios de bicicleta" e poucas relações entre irmãos e irmãs, assinalando assim o "sucesso parental" quanto à manutenção de uma distância de segurança entre os filhos (Figura 5). Quando o mesmo pedido é feito aos pais, eles tendem a representar as relações familiares horizontais, indicando assim seu ideal de fraternidade (Figura 6).

FIGURA 5
Representação da família M. pelo filho mais velho

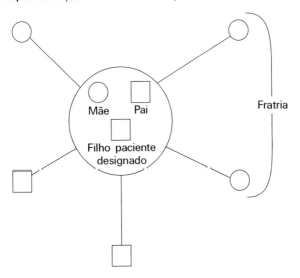

FIGURA 6
Representação da família M. pela mãe

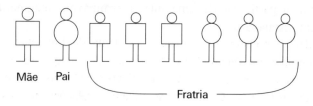

CONHECIMENTO COMUM E TERAPIA

A exploração dessa gestão dos vínculos fraternos, tal como é operada pelos pais, pode acarretar modificações profundas no grupo, por comunhão da informação ou, falando de outro modo, por passagem ao conhecimento comum.

No início, a situação é assim: cada um dos filhos sabe que foi instigado no conflito parental, em que ele crê, em troca de uma promessa de relação privilegiada. Essa relação privilegiada é obtida por aquele que apresenta comportamentos psicóticos. Por isso, ele costuma ser objeto de ciúme dos outros irmãos, apesar de sua patologia; esse ciúme aparece quando os pedidos de ajuda são formulados, não pelos pais, mas por um dos filhos maiores, pois este pensa que seu irmão ou sua irmã estão envolvidos em uma relação parental nociva para ele...

No grupo fraterno *cada qual* sabe que foi objeto de promessas, que foi instigado, desconfia de que os outros foram objeto das mesmas promessas, mas *ninguém sabe que todo mundo sabe...* O trabalho familiar permite passar dessa situação — em que cada um sabe mas ninguém sabe que todo mundo sabe —, a um conhecimento comum, em que todos sabem mas, da mesma forma, cada qual sabe que todos conhecem as promessas e instigações dos pais, a preocupação que os anima por trás dessas promessas de amor jamais mantidas e esse conflito insólito de casal, interminável, de uma realidade duvidosa: *que os irmãos e irmãs não se fusionem e não se matem.*

Referências Bibliográficas

BENVENISTE, R. *Le vocabulaire des institutions indo-européennes*. Ed. de Minuit, t. I. 1969, pp. 209-76.

CAILLÉ, P. "Quand le conflit de fratrie se règle à l'école". In: BLANCHARD, F. *et al. Échec scolaire, nouvelles perspectives systémiques.* ESF, 1994.

LACAN, J. *Les complexes familiaux dans la formation de l'individu.* Navarin, 1984, pp. 35-49.

NEUBURGER, M. "Le juge, le secret et le *common knowledge". Thérapie familiale*, t. IX, 1988, pp. 301-8.

SELVINI PALAZZOLI, M. *et al. Les jeux psychotiques dans la famille.* ESF, 1990. (Publicado no Brasil pela Summus Editorial, em 1998, sob o título *Os jogos psicóticos na família.*)

2

Psicoses "fraternas" e Terapias de Fratria

Introdução

Os comportamentos psicóticos do adolescente suscitam inúmeras pesquisas, em várias correntes: organicista (genética ou bioquímica), psicogenética (essencialmente psicanalítica) e, enfim, a que nos concerne mais particularmente, a corrente contextualista com o modelo sistêmico.

Essa direção de pesquisa tem origem nos trabalhos de G. Bateson, depois da Escola de Palo Alto. Em 1956, G. Bateson apresentou seu artigo sobre o "duplo vínculo", em que definiu a psicose como um comportamento adaptado a mensagens mais que contraditórias, paradoxais, ou seja, que não comportam nenhuma boa resposta. Essas trocas comunicacionais ocorrem num contexto de relações afetivas fortes, de tal forma que é impossível para o paciente recusar-se a responder ou romper a relação.

Lynn Hoffman, alguns anos mais tarde, descreveu o que ela chamou de *single bind*, vínculo simples, oposto ao *double bind*, duplo vínculo.

O *single bind* é um modo de comunicação particular, característico das trocas entre pais e filhos no período da adolescência. É um modo de comunicação paradoxal, mas que, contrariamente ao duplo vínculo, não acarreta conseqüências patológicas. Ao contrário, essas atitudes e trocas comunicacionais paradoxais seriam geradoras de possibilidades de mudança, impelindo uns e outros a inventar outros modos de relação para escapar dos paradoxos. As proposições parentais paradoxais chamadas de vínculo simples costumam ser injunções do tipo: "Você vai à piscina quando souber nadar", palavras mais marcadas pela angústia do que pela ambivalência.

Portanto, segundo Lynn Hoffman,[1] não se trata de opor pais constantemente lógicos, que se utilizam de um discurso límpido, a pais "psicotizantes", que emitem constantemente paradoxos letais.

A diferença entre uma falta de lógica "normal" (vínculo simples) e uma falta de lógica patogênica (duplo vínculo) parece estar, sobretudo, na capacidade ou não, da pessoa visada, no caso o adolescente, de ler a intencionalidade parental, de compreender o contexto das comunicações de que é objeto.

Essa hipótese modifica profundamente a relação terapêutica: não é mais o caso de tentar tornar os pais coerentes (o que parece, freqüentemente, uma tarefa no mínimo difícil), mas de procurar um contexto de interpretação, que torne coerente, para o adolescente, a intencionalidade dos pais.

Mara Selvini abriu caminho para esse tipo de abordagem propondo uma primeira grande interpretação. Ela supõe a hipótese de uma coerência por detrás da incoerência: atitudes e propósitos que parecem absurdos deixam de sê-lo se se leva em consideração, não o interesse do filho, mas o interesse do grupo familiar em seu conjunto. O que parece patogênico (e com freqüência o é) para o filho pode representar um ganho no âmbito do grupo, um reforço dos valores que aqui chamaremos de mitos de solda, que unem o grupo.

Essa hipótese dá ao adolescente uma forma de interpretação, que esclarece a aparente ambivalência parental.

Com freqüência, o mito funcional, aquele que permite mobilizações, mudanças importantes, é o mito da igualdade na fratria, o *"mito de fraternidade"*.

Um exemplo clínico

A senhora Obéron apresenta-se com o marido e as quatro filhas. O objeto da consulta é a anorexia que atinge a filha mais jovem, Isabelle, 18 anos. Ela está em tratamento desde os 14 anos e precisou de várias hospitalizações. Atualmente, ela vive em um centro terapêutico, mas isso não basta para cortar um vínculo "fusional" com a mãe, de acordo com os interventores que a acompanham. Por essa razão, a equipe de cuidadores no-la envia.

---

1. L. Hoffman, "The simple bind and discontinuous change". In: *Foundation of family therapy*. Nova York, Basic Books, pp. 157-75.

Uma primeira terapia familiar fora tentada, havia alguns anos, mas teve de ser interrompida, pois, segundo a mãe, as perturbações de Isabelle só se agravavam.

A mãe toma a iniciativa de se apresentar e, como que para antecipar qualquer crítica, se auto-acusa: ela não consegue deixar de inquietar-se pela filha, seja lá o que faça e isso sempre foi assim! Ela mimou-a demais; não podia sair de perto dela, preocupando-se constantemente com suas menores necessidades, em particular as alimentares. Alimentou-a com colher até os dez ou onze anos de idade, para se assegurar de que ela comia o suficiente. Até agora, embora lhe dissessem que isso é nocivo, a mãe não consegue impedir de controlar a alimentação da filha, assim como suas saídas, seu sono etc.

O quadro que a família reunida oferece é particular: o pai é deixado de lado assim que as quatro filhas se agrupam ao redor da mãe. Ele tem um ar distante, um pouco "lunático". As três filhas mais velhas estão crispadas: manifestamente, não suportam o discurso da mãe. Aliás, elas fazem críticas severas à mãe, reprovando-a e julgando-a responsável pela "doença" de Isabelle.

As filhas mais velhas, apesar da idade e das responsabilidades profissionais, ainda são muito presentes na casa, quer estejam morando lá, quer telefonando todos os dias para "sentir o ambiente"! Elas mostram um contraste espantoso em relação a Isabelle. Isabelle se veste com cuidado, é bonita e até coquete em suas atitudes, enquanto as três filhas mais velhas oferecem um espetáculo desolador, no plano da feminilidade; vestem-se mal, maquiam-se pouco ou mal; ficamos sabendo que não têm nenhum relacionamento masculino.

Uma grande rivalidade parece reinar entre elas: apesar de suas idades (entre 28 para a mais velha e 21 para a terceira) elas são capazes de começar a brigar por uma parte de doce mal partilhado!

Estamos diante de um problema difícil: como estabelecer uma relação de ajuda, sabendo que as tentativas precedentes tiveram como resultado reforçar a rigidez do sistema?

Parece-nos que uma relação de ajuda só poderá se estabelecer se não for vivida como uma crítica à ajuda intrafamiliar.[2] A relação de ajuda antiga e ainda viva é aquela entre a mãe e sua última filha. Ajudar a filha é, praticamente, a "profissão" da mãe, mas essa ajuda foi interpretada pelos profissionais (e pelas filhas

---

2. Conforme o capítulo 3, "Mito familiar, mito profissional dos interventores: os reparadores de mito", p. 50.

mais velhas) como a causa da doença. Como dar conotação positiva a essa relação de ajuda, sem incentivar atitudes patogênicas?

Então, nos interessamos por essa relação de ajuda. Como ela se instaurou? "Logo, desde o nascimento de Isabelle", diz a senhora. "Ela era tão diferente das outras, tão frágil!" Mas, sobretudo, a mãe se sentiu muito culpada por esse nascimento, que não era desejado por ninguém além dela mesma. Se, atualmente, as filhas mais velhas mostram por Isabelle uma atitude de piedade condescendente, isso não foi sempre assim. Suas primeiras reações, quando da chegada dessa quarta filhinha, foram no mínimo pouco calorosas! A mãe fala longamente sobre seu sofrimento e seus temores dos maus-tratos e violências que ela temia por parte das irmãs mais velhas contra Isabelle, que elas podiam mutilar, até matar. Compreende-se, então, por que ela não podia deixar que Isabelle saísse de perto dela. Esse ciúme só cresceu, pois Isabelle era a mais bonita.

Formulamos a seguinte hipótese: por que a senhora, que fora uma boa mãe para as filhas mais velhas, tornara-se uma mãe abusiva, unanimemente criticada, tanto no interior da família quanto pelos especialistas? Será que, assim, ela encontrava o meio de proteger Isabelle que, de criança invejada, tornou-se vítima de uma mãe abusiva, objeto mais a lastimar do que a invejar? Compreendemos, pois, que ela continue a mostrar o mesmo comportamento para com Isabelle, apesar do seu papel desconfortável, pelo menos enquanto temer pela filha as conseqüências do ciúme das mais velhas. Nenhuma ajuda exterior pode substituí-la nesse papel.

O interesse do caso, além dos efeitos positivos desencadeados pelo reenquadramento, foi de nos mostrar a inventividade de que uma mãe pode dar provas para proteger seu filho, a dificuldade de um terapeuta para ter acesso à sutileza dos jogos intrafamiliares; enfim, sobretudo, a que ponto pode-se subestimar a violência do que está em jogo e das paixões que podem reinar em uma fratria.

GERIR A FRATRIA, PRESERVAR O "MITO FRATERNO"

A intervenção terapêutica consiste em propor um contexto de interpretação compreensível para Isabelle e aceitável para todos, por não ser "culpabilizante", que recupere atitudes, de outro modo, indecifráveis.

De modo geral, para serem eficazes, as manobras familiares para gerir as relações na fratria não devem ser explicitadas, não devem revelar sua intenção, devem ser opacas. Se os filhos pudessem perceber sua intencionalidade, imediatamente se dedicariam a desviá-las. Mas o que elas ganham em eficácia, perdem devido ao aparecimento de efeitos conexos, que podem chegar a comportamentos patológicos, psicose e anorexia mental, em um ou outro dos filhos, alvo dessas mensagens complexas.

Pudemos observar várias técnicas de gestão da fratria por pais, destinadas a preservar o mito fraterno, algumas banais, como intervenções diretas, ameaças, chantagem com conflito de casal; outras, mais refinadas, são patogênicas devido à obscuridade, para os filhos, de tais manobras parentais.

Entre as técnicas terapêuticas, além de reenquadramento, como no exemplo proposto acima, utilizamos também, e cada vez com maior freqüência, a proposta de uma "terapia de fratria". Esse novo quadro é o equivalente das terapias de casal, visto que a família, como quadro institucional, contém subconjuntos específicos, alguns dos quais podem apresentar disfunções. A proposta de uma "terapia de fratria" costuma ser acolhida com alívio por pais cuja tarefa de gerir a fratria se tornaria um peso insuportável ou, ainda, levaria a comportamentos patológicos um ou outro dos filhos.

A gestão do casal parental ou as preocupações concernentes ao grupo parental mobilizam o grupo fraterno ou alguns do grupo fraterno. A técnica que certos filhos utilizam em caso de conflito parental é bem conhecida: chamar a atenção por meio de dificuldades escolares ou outras, mais importantes.

O caso simétrico apareceu-nos em clínica, ou seja, pais representando conflitos ou utilizando técnicas de comunicação muito mobilizadoras, estafantes, refinadas, às vezes violentas, como as do exemplo clínico, destinadas a gerir o grupo fraterno.

Observamos o mesmo alívio nos pais (aos quais propusemos ver seus filhos em "terapia de fratria"), e nos integrantes das fratrias (assim que propusemos admitir seus pais em terapia de casal).

As técnicas que utilizamos nessas "terapias de fratria" são comparáveis àquelas utilizadas nas terapias de casal, embora devam ser adaptadas à idade dos filhos, mas o objetivo é idêntico: que esse grupo, em vez de ser fonte de alienação possa representar um quadro em que se expresse a criatividade de cada um.

CONCLUSÃO

Essa oposição complementar entre o grupo casal e o grupo fraterno decorre do fato de representarem os dois componentes essenciais das novas famílias. Essa interação entre o grupo parental e o grupo fraterno corresponde ao essencial das comunicações na família conjugal. Por essa razão, o grupo fraterno torna-se o suporte da identidade familiar, ou seja, a testemunha do bom ou do mau funcionamento do conjunto. Quanto mais marcante o mito de fraternidade em uma família, melhor a convivência fraterna como prova do bom funcionamento familiar, e os pais desenvolvem engenhosidade para gerir as relações fraternas.

Esse mito fraterno talvez seja mais ativo atualmente do que no passado.

Mito de casal, mito fraterno, interação entre mito de casal e mito fraterno costumam servir de projeto de conjunto, atualmente, nas famílias fragmentadas, reconstituídas, recompostas, de composições variáveis, mas sempre frágeis.

A falta de um projeto de conjunto, de um projeto familiar, de um "mito familiar" não está ligada somente a uma falta de representações nesse âmbito, mas também ao temor de que tal projeto possa fazer aparecer diferenças, incompatibilidades no casal parental, que questionariam o próprio projeto.

Referências Bibliográficas

BOSCOLO, L.; CECCHIN, G.; HOFFMAN, L. e PENN, P. *Le modèle milanais de thérapie familiale. Théorie et pratique*. Paris, ESF ed., col "Sciences humaines appliquées", 1992.

GIRARD, R. *La violence et le sacré*, Paris, Grasset, 1972.

_____. *Le bouc émissaire*. Paris. Grasset, 1982.

LACAN, J. *Les complexes familiaux*. Paris, Navarin, 1984.

NEUBURGER, R. "Le choix d'une fratrie". In. *Études Psychotérapiques*, número especial 5, junho de 1992, "Les frères et les soeurs", pp. 61-71.

SELVINI, M. *Mara Selvini Palazzoli: histoire d'une recherche*. Paris, ESF, ed., col. "Sciences humaines appliquées", 1988.

_____. *Les jeux psychotiques dans la famille*. Paris, ESF, ed., col. "Sciences humaines appliquées", 1990.

QUARTA PARTE

INSTITUIÇÃO CUIDADORA
INSTITUIÇÃO FAMILIAR

1

Teoria e Mito de Pertencimento na Prática Psiquiátrica

Introdução

Depois que Pasteur descobriu a teoria bacteriana, tornou-se impossível manter a tese da geração espontânea. Curiosamente, no campo psiquiátrico, até o presente, nenhuma descoberta pôde impedir a coexistência de práticas em que a pessoa cuidada é tratada como um objeto e outras, que respeitam seu *status* de Sujeito.

O trabalho de Penélope está sempre para recomeçar, apesar das descobertas de Freud, de Lacan, além de obras críticas fundamentais como *Asiles*, de E. Gofman, ou *La mal mesure de l'homme*, de S. Gould, e do trabalho considerável realizado nestes últimos anos sobre o contexto atual dos doentes, com os movimentos antipsiquiátricos, da terapia institucional e, depois, do movimento sistêmico.

Em matéria de cuidados psiquiátricos, a relação com o outro continua sendo um campo aberto a diferentes interpretações e questionamentos.

As Teorias em Psiquiatria

Atualmente, reconhecemos principalmente três correntes teóricas:

- organicista;
- psicogenética;
- contextualista.

A corrente organicista em psiquiatria

O que ela sustenta?

- A perturbação apresentada pela pessoa é o problema.
- O papel do cuidador é livrar o portador do sintoma desse "corpo estranho", a fim de que ele possa retornar seu estado de saúde anterior.
- O sintoma está ligado a uma causa e, conforme a época, falou-se de hereditariedade, de degenerescência, de perturbações "genéticas" ou, ainda, de perturbações do humor (frio, quente, maligno) e, em uma linguagem mais contemporânea, de perturbações "metabólicas". Essa corrente psiquiátrica é bem seguida: assim, o jornal *Le Monde* e outros órgãos de imprensa publicam várias vezes ao ano que se teria encontrado "a causa" da esquizofrenia nesta ou naquela perturbação metabólica ou genética... nunca a mesma.
- O organicista reforça e participa, assim, do sonho do doente: que ele nada tem a ver com seu sintoma. As perturbações estão ligadas a uma causa a tratar, que chamaremos de *"objeto de sonho"*, porque é sempre evanescente.
- O charme dos organicistas e dos quimiatras está ligado à irracionalidade de suas convicções: eles acreditam na reversibilidade do tempo. O sintoma é um problema que se deve suprimir para obter uma *restitutio ad integrum*; assim procedendo, desaparece a noção de processo evolutivo e um plano de realidade se dissipa.
- Pode-se acreditar que os tratamentos medicamentosos utilizados têm um efeito etiológico, embora atualmente continuem sintomáticos.

A corrente psiquiátrica psicogenética de inspiração psicanalítica parece opor-se à precedente

- O sintoma não é um "corpo estranho".
- Ele é produzido pelo paciente. Poderá parecer que o problema enunciado pelo paciente seja, para ele mesmo, uma forma de solução, devido aos benefícios secundários que dele pode extrair.
- O sintoma corresponde à estrutura do paciente: histérica, obssessiva, psicótica, perversa... que o leva a repetir uma busca do objeto que o preencheria, estabelecendo um modo particu-

lar de relação com o mundo: *"sonho do objeto"*; assim a "boa mãe", o "bom seio", o falo...

- O psicogeneticista, ao acentuar a participação da pessoa em sua própria perturbação, responsabiliza-a, mostrando-lhe a futilidade das ajudas externas, até o lado nocivo das lealdades, dos pertencimentos familiares em particular, e assim privilegia a individuação.

Um paciente me dizia recentemente: "Seu problema é me fazer compreender que devo me virar sozinho", acentuando assim o paradoxo da posição psicogenética, do tipo: "Seja livre", ou ainda: "Eu quero que você queira ser livre", "Eu quero que você se torne um Sujeito"...

Uma terceira corrente: a corrente contextualista

- O sintoma não é mais um corpo estranho, e tampouco pode ser remetido ao sujeito: *ele é produto de uma interação*, aparecendo em um contexto de dificuldades familiares, de casal ou institucionais.
- Tem uma função homeostática no grupo do qual se sustenta.
- Responde a uma falha estrutural no grupo, que se mostra inapto a se adequar às mudanças.
- O contextualista responsabiliza o grupo em seu conjunto, mostrando o conflito que existe, nesses casos, entre o interesse do grupo e o do sujeito.

O paciente identificado com seu sintoma como suporte do mito de pertencimento do grupo torna-se um *"sujeito de sonho"*.

TEORIAS E PRÁTICAS

Poder-se-ia ceder à tentação de estabelecer uma classificação entre essas correntes teóricas e afirmar que há boas e ruins, e que cabe a cada um perceber que as práticas mais retrógradas serviriam aos defensores das teorias que se consideraria as mais primitivas ou as mais irracionais. Bastaria, então, proibir certas teorizações (isso às vezes ocorre) para fazer uma psiquiatria humana de ponta.

A prática mostra, ao contrário, que não há paralelo entre a qualidade dos cuidados, a natureza da relação terapêutica, objetivante ou subjetivante, e as teorias que as sustentam.

Muitos dos que prescrevem neurolépticos não são organicistas, muito menos aqueles que impõem as hospitalizações mais longas. Os centros chamados de "psicoterápicos" ocultam realidades as mais diversas, algumas das quais continuam muito próximas do hospício clássico.

As convicções etiológicas, quaisquer que sejam, podem acarretar um esquecimento do respeito pelo outro. Lacan, malcompreendido, suscitou práticas que encontramos justificadas de outro modo pelas teorias organicistas ou contextualistas: podem acontecer separações, internações longas e invalidantes, social e psiquicamente, em nome:

- da necessidade de reequilibrar um tratamento medicamentoso;
- da necessidade de uma separação, de uma relação supostamente fusional com a mãe, ou do projeto de reintroduzir uma "lei"...!;
- da necessidade de proteger um paciente de um meio familiar supostamente ruim.

Tratar o problema da coexistência de práticas psiquiátricas, objetivantes ou não, em termos de oposições teóricas, parece destinado ao fracasso.

Atualmente, essas oposições se tornam mais sutis: no mesmo serviço hospitalar, podem coabitar organicistas, psicogeneticistas, contextualistas. Essa coexistência profissional imposta pelo contexto institucional, às vezes, acarreta uma espiral de diversas teorias e práticas: o paciente é mantido por circuitos repetitivos. Cada pólo teórico sustenta práticas complementares, e cada uma tem como efeito adaptar o paciente aos diversos tratamentos.

Assim:

- ele deve fazer uma psicoterapia;
- mas deve tomar medicamentos para favorecer sua relação terapêutica;
- sua família deve ser entrevistada para favorecer a terapia individual... que lhe permite aceitar seu tratamento medicamentoso... que lhe permite aceitar sua terapia etc.

Mais tarde, será chamado de "crônico".

A utilização psiquiátrica de diversas teorias, quer elas se oponham ou se completem, preserva um tipo de relação cuidador-cuidado que deriva facilmente para uma relação explicativa reificante. A patologia é investigada para dar-lhe um sentido, ou seja, uma explicação de acordo com a teoria. Se for orgânica, endopsíquica, contextual ou as três ao mesmo tempo, desde que o objeto seja explicado, parece lógico propor os cuidados que se impõem. Mas a relação explicativa confronta cuidador e cuidado com uma escolha "catastrófica" (no sentido da teoria das catástrofes), que se pode representar conforme a Figura 7.

FIGURA 7

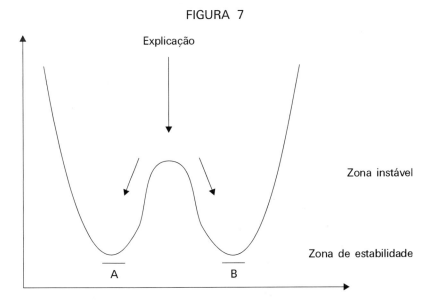

A: Dependência
B: Antidependência

Se o cuidador crê na teoria, e a pessoa cuidada se submete, substituindo sua identidade por uma *identidade explicativa de empréstimo*, eles correm o risco de entrar, ambos, numa relação repetitiva interminável, verdadeiramente "criadas" uma pela outra; se o cuidador crê em sua explicação sobre a pessoa a ser cuidada, mas esta recusa essa definição, que lhe é imposta, cria-se uma relação de antidependência. Isto pode levar cuidador e cuidado a escaladas simétricas, em geral facilitadas pelo contexto institucional, em que todas as ações, tanto dos médicos quanto do paciente (suicídios, fugas), tornam-se possíveis.

A convicção do cuidador, de ter encontrado uma boa explicação para o transtorno observado, leva pacientes e cuidadores a uma escolha "catastrófica", segundo René Thom.

Se creio compreender a loucura, os mecanismos que a produzem, e se sou um cuidador, meu dever é obter mudanças de acordo com minha teoria: então eu trato o outro como objeto. Não há mais espaço para a criação, o cuidado torna-se o prolongamento coisificado de seu cuidador. Todos os desvios podem, então, ser observados, qualquer que seja o modelo teórico de referência. *Assim, a explicação, na medida em que é percebida como verdadeira e bem-sucedida, suprime a relação de alteridade.* Se o outro é doente, até louco, eu não posso compreendê-lo, mas posso, entretanto, respeitá-lo como sujeito.

A explicação destrói o que parece irracional e que oculta a identidade do paciente, ou seja, suas capacidades de auto-organização, de autocura.

DA RELAÇÃO EXPLICATIVA AO PROCESSO E À CO-CRIAÇÃO

Não nos propomos renunciar à procura da compreensão, mas renunciar a uma crença de uma explicação última, qualquer que seja a teoria de origem. A psicanálise e a terapia familiar sistêmica, no contexto das curas, ilustram uma relação de curiosidade, em que se vê pessoas e famílias tentarem obter uma explicação, ou seja, uma identidade de empréstimo, e terapeutas tentando enfatizar essa procura, ou seja, tentando ajudá-los, estimulando essa capacidade de auto-organização, de autocura.

Em psiquiatria, a definição da relação entre cuidador e cuidado deriva facilmente para uma relação de tipo explicativo, qualquer que seja o suporte teórico.

Curiosamente, as famílias dos pacientes mostram a mesma procura de explicação que os cuidadores, e reforçam sua teoria. *Surge uma similaridade entre a função da "teoria" em ambiente psiquiátrico e aquilo que nomeamos de mito familiar.* As crises familiares são míticas; elas são provocadas por ameaças ou ataques ao mito de pertencimento, que sustenta a identidade do grupo, ou seja, as crenças compartilhadas concernentes às características da família, à distribuição dos papéis e funções, aos circuitos de decisões...

A função do paciente identificado é mostrar uma patologia *ligada* à transgressão das regras de pertencimento. A relação com as estruturas cuidadoras tem por função fortalecer o grupo, obtendo explicações das perturbações nesse sentido.

Da mesma forma, a psiquiatria como instituição tem necessidade de teorias específicas para existir, afirmar sua identidade, sustentar um sentimento de pertencimento para aqueles que trabalham nesse campo. Essas teorias têm, então, valor de mito de pertencimento reforçado por explicações que se possa dar da patologia, em conformidade com as próprias teorias (espiral auto-referencial).

CONCLUSÃO

A relação com a teoria, a busca de explicações coerentes servem, com mais freqüência, à crença do que à verdade, suscitando práticas psiquiátricas alienantes, qualquer que seja o suporte teórico: organicista, psicognético ou contextualista. Essa busca da boa explicação suscita redundâncias "cronicizantes" ou escaladas simétricas perigosas.

Uma pista de pesquisa seria questionar a relação de pertencimento dos cuidadores, a participação da teoria como mito constitutivo de sua identidade, assim como a relação de pertencimento das pessoas cuidadas, sua "teoria" familiar.

Não há relação dual em psiquiatria. Cada extrapolação da relação põe em jogo seu pertencimento. A consideração dessa dimensão não é apenas um fator limitante, mas pode, por reconhecimento recíproco dessa necessidade, permitir a emergência de um pedido.

Referências Bibliográficas

BATESON, G. *Vers une écologie de l'esprit.* Paris, Seuil, t. 1 e t. 2, 1977, 1980.

CAILLÉ, P. *Familles et thérapeutes.* Paris, ESF, 1985.

_____. *Il était une fois.* Paris, ESF, 1988.

FERREIRA, A. "Les mythes familiaux". In: *Sur l'interaction.* Paris, Le Seuil, 1981.

SELVINI, PALAZZOLI, M. *Paradosso e contraparadosso.* Paris, ESF, 1978.

_____. "Le racisme dans la famille". In: *Histoire d'une recherche.* Paris, ESF, 1987.

2

Análise Sistêmica da Instituição: O Percurso do Paciente

O comportamento de um membro de uma família parece amplamente determinado pela lógica que domina no grupo para sua autodescrição, ou linguagem autodescritiva que, nos casos-limite, pode ser única, causal-linear, até o absurdo, por exemplo. Da mesma forma, o comportamento de um cuidador será amplamente determinado pela linguagem utilizada pelos membros da instituição para descrever a instituição. Isso se refere ao comportamento do cuidador, mas também à sua visão da instituição. Questionar a instituição não significa descrever seu funcionamento. Antes de mais nada, questionar a linguagem utilizada, que chamaremos de linguagens autodescritivas, que determinam o conteúdo institucional, que criam a realidade institucional e, ao mesmo tempo, criam seus pontos cegos.

Para obter essas informações, pedimos a vários colegas, que trabalham ou dirigem hospitais-dia, tanto na França como no estrangeiro, para *descreverem o trajeto típico de um paciente, desde a entrada até a saída*: o modo de entrar, a acolhida, a organização da estadia, o modo de saída. Esse modo de operar pareceu-nos adequado para verificar as diferenças estruturais de funcionamento de um estabelecimento a outro, por meio das linguagens descritivas utilizadas.

Embora certas instituições apresentem um funcionamento que nasce da utilização, pelos cuidadores, de duas linguagens autodescritivas, e até mais, instituições que, como constatamos, comportam o menor risco de "cronicização" para o paciente, outras são produto da utilização de uma única linguagem autodescritiva. Estas tendem a criar funcionamentos estranhamente semelhantes, reconhecíveis. Palavras utilizadas, trajeto dos pacientes, até a tonalidade afetiva da descrição convergem, dando uma impressão de já ouvido, apesar da diversidade ou da distância geográfica entre as estruturas cuidadoras investigadas. Emerge uma tipologia, reunindo as instituições com linguagem única em dois pólos, que representam, como constatamos, dois desvios extremos, sendo que a maioria se situa entre os dois. Parece necessário descrever esses desvios, embora tenhamos consciência do caráter caricatural desses funcionamentos. Num extremo encontramos a *instituição "burocrática"*, com linguagem linear; no outro, a *instituição "ideológica"* e sua linguagem fixa, o discurso "mítico".

Primeiro Relato: A Instituição Burocrática

A idéia dominante é a da existência de um *programa terapêutico* preestabelecido, que comporta a intervenção de diversos especialistas, cada um dos quais aplicando um cuidado especializado, concernente a um aspecto dos déficits do paciente.

O paciente, encaminhado à instituição, encontra especialistas que fazem um balanço de seus déficits, como se o fato de ele ser visto por partes desse mais informações, ou como se a pessoa fosse a soma de partes funcionais: os aspectos psicológicos, psiquiátricos, somáticos, sociais, familiares, instrumentais... Depois, o balanço é relatado em "síntese", reunião em que se decidirá a conduta terapêutica, que é menos um projeto do que uma trajetória, na maioria das vezes uma função das disponibilidades dos especialistas do que da personalidade do paciente.

O trajeto do paciente é traçado claramente (ver Figura 8): o paciente é admitido, entra na instituição, realizam-se um balanço, um diagnóstico e indicações; o paciente deverá participar de um certo número de atividades, por meio das quais ele supostamente melhora, depois ele sairá, após um balanço de saída, que provará que seus déficits melhoraram.

As atividades propostas com maior freqüência, conforme a idade, são: fonoaudiologia, psicomotricidade, terapia individual, terapia de grupo, psicodrama, arte-terapia, socioterapia e as terapias corporais...

Esse tipo de instituição não dispõe de uma ideologia própria, que a torne uma instituição inteira. São simples prolongamentos do corpo social ou sociomédico, realizando uma função predeterminada: melhorar os déficits do paciente, que podem ser únicos ou múltiplos, conforme o caso e a idade: problemas de acompanhamento escolar, comportamentos desarmoniosos, faltas "de autonomia", carências instrumentais, perturbações do curso do pensamento, problemas alimentares, toxicomanias diversas, alcoolismo...

Como já expusemos, inicialmente, os especialistas fazem um balanço dos diferentes déficits do paciente.

Esses déficits requerem, cada um, uma instrumentação específica, tendo em vista uma correção, uma melhora. Os cuidadores realizam tarefas igualmente específicas, como: sessões de reeducação, de psicoterapia... e, de modo isolado, em pequenas "células", em que supostamente o paciente sabe qual déficit deve apresentar: transferência pelo psicoterapeuta, desortografia para a fonoaudiologia etc. Os especialistas lá estão para aplicar um cuidado específico e são, pois, cada um deles, substituíveis por outro cuidador, desde que tenha a mesma qualificação profissional.

Em caso de o paciente recusar-se a obedecer ao programa terapêutico previsto, ele poderá ser declarado inadequado à estrutura e ser excluído.

O sistema é estável. Como se pode ver na Figura 8, há uma dupla regulação da instituição:

- pelo controle da saída e da entrada dos pacientes (duração da estadia, seleção à entrada) pelo médico-chefe e pela administração, de modo que o coeficiente de preenchimento seja otimizado. O trabalho é supervisionado pelo médico-chefe, por exemplo, que mesmo não interferindo diretamente, tem sempre o poder de decisão, tanto no âmbito das indicações como das saídas;

- por um controle de cuidadores entre si: se aparece uma dificuldade, por exemplo, em terapia individual, ligada a uma resistência à mudança por parte do paciente, seu comportamento pode tornar-se difícil para os cuidadores e para outros cuidados. Se o paciente não apresentar progressos, será feita uma tentativa de encaminhamento ao terapeuta individual, visando melhor adaptação à estrutura de cuidados. A ética desse tipo de instituição situa-se mais do lado da reparação do que da mudança.

Não há muita identificação do cuidador com a estrutura cuidadora, da qual ele é um empregado, uma engrenagem.

FIGURA 8
A instituição burocrática. "O circuito de produção"

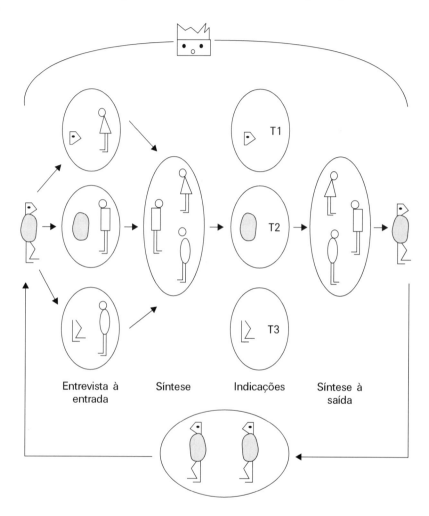

Os cuidadores são igualmente isolados, selecionados em função de especialidades profissionais.

A existência do projeto está ligada a uma necessidade social, à correção de um comportamento inadequado, incômodo, até socialmente perigoso. O projeto é definido de fora; a hierarquia é clara em torno de um regulamento, o conjunto preenche uma função social que não é questionada, que não tem alma. O pólo ideológico é fraco, girando em torno de significantes vagos, como "ajuda" ou "cuidado".

A avaliação do trabalho é quantitativa, simples, disposta em itens, tanto do próprio paciente quanto da atividade dos cuidadores (número de intervenções).

Há uma fraca identidade do grupo e pouca identificação do cuidador com a instituição. Desde que a instituição comporte vários serviços, um cuidador poderá passar de um grupo a outro, de acordo com sua qualificação profissional.

Freqüentemente, é possível o retorno do paciente à instituição, em caso de recaída ou de agravamento.

Os inconvenientes

Eles estão, essencialmente, ligados à possibilidade de repetição. De fato, a estrutura visa readaptar o paciente, e torná-lo normal. Costuma ser uma estrutura intermediária entre duas outras. O risco de repetição é elevado, na mesma estrutura ou em outra, complementar, com o risco de "cronicização" que essas repetições comportam.

Uma colega me falava de uma certa estrutura de cuidados desse tipo dizendo que ela era "adaptada" a pacientes crônicos... sem perceber o problema que sua proposição colocava!

As relações com as famílias são de tipo complementar, cada qual em seu mundo, trocas essencialmente práticas, o paciente passando da instituição familiar à instituição cuidadora, e vice-versa.

Se se pode falar de terapia familiar, será como de uma célula entre outras...

A linguagem institucional é certamente única, funcional, organizacional, isolante, linear ao extremo. Qualquer outra linguagem relacional, ideológica... não tem muitas chances de ser ouvida.

SEGUNDO RELATO: AS INSTITUIÇÕES IDEOLÓGICAS

Opostamente ao primeiro relato, ouvimos relatos vigorosos, em geral com uma tonalidade persecutória: "Apesar da oposição do médico-chefe, dos obstáculos contra nós [...] nossa instituição é sempre ameaçada pelas autoridades..."

O trajeto do paciente é descrito como uma espécie de viagem iniciática, a finalidade é menos uma melhora dos sintomas do que a individuação, a autonomia.

A aceitação na instituição não está ligada a um *déficit* quantificável ou qualificável, mas justificada pela *demanda*. Logo é explicado ao paciente que ele ali se encontra como pessoa, que se espera dele uma aceitação, não do projeto terapêutico, mas da ideologia dominante, representada na Figura 9 pelo totem. Isso às vezes é concretizado por um contrato, nas estruturas mais extremadas, que deverá ser assinado pelo paciente. A mesma coisa é pedida aos cuidadores...

FIGURA 9
A instituição ideológica
"A dança ao redor do totem representativo do pólo ideológico"

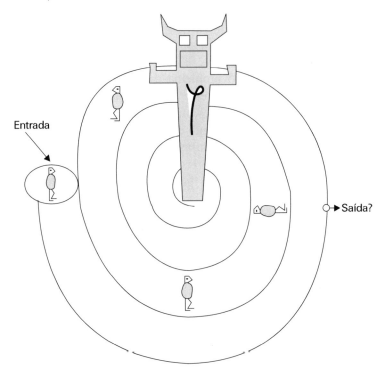

O interior da instituição é fortemente valorizado. A lógica de pertencimento é dominante, com um forte pólo mítico, indiscutível, com rituais implícitos.

Pode-se observar fantasmas de auto-engendramento, não estando a criação da instituição ligada a uma necessidade, mas ao projeto inicial de um grupo ao redor de um mestre.

O aspecto mítico aparece também no fato de as práticas, às vezes banais, serem "santificadas" pela teoria. A instituição dispõe de uma identidade forte, e dá a seus membros um pertencimento que os singulariza. A hierarquia é organizada ao redor do saber. Terapêutica é a relação com a instituição e não as técnicas especializadas.

Os inconvenientes

Como todas as instituições de identidade forte, a manutenção dessa identidade está ligada às diferenças que ela mantém em relação ao mundo exterior. Disso decorre um aspecto de *opacidade necessária*. Não pode tratar-se de uma instituição transparente. Pelo contrário, as atividades ou os princípios devem continuar opacos ao observador, e por isso a transmissão é quase impossível, e a avaliação, muito problemática.

Outro inconveniente: o problema da saída. Com freqüência é enunciado que o tempo não deve ser um fator limitante no processo. Por isso as estadias são, às vezes, muito prolongadas, até por vários anos, na expectativa do surgimento do "pedido"...

Geralmente, as relações com as famílias são conflituosas: relações de rivalidade... compreensíveis quando se sabe que as famílias com um paciente psicótico, em geral, são construídas do mesmo modo.

A linguagem dominante é a "linguagem fixa", mais código do que língua, código feito essencialmente de significantes reconhecíveis sem significado preciso, servindo a trocas ritualizadas que permitem facilmente determinar os corpos estranhos. Claro, são excluídas a linguagem funcional, declarada, então, como "operatória", assim como qualquer outra linguagem suspeita de veicular uma ideologia diferente.

Conclusão

Esses dois relatos extremos, essas duas soluções apresentadas, uma dominada por uma lógica de inclusão, a outra por uma lógica de pertencimento, representam duas soluções relativamente estáveis, dois pólos de atração.

Um dos pólos puxa para a banalização, para a burocratização, para a transparência, até mesmo para a inexistência (no sentido de não dispor de uma identidade própria) por utilização exclusiva de uma linguagem funcional. O outro pólo representa, inversamente, a tendência ao fechamento, à transformação de um sistema aberto em sistema fechado com a ajuda de uma "linguagem fixa" local. Mas a independência pretendida como um corte com o mundo não é 'uma independência, mas um isolamento, em geral, mortífero.

Entre esses dois extremos podem emergir, de forma instável, frágil, projetos originais autorizando linguagens diferentes, portanto, uma criatividade interna, uma não-previsibilidade dos projetos que os situam à distância da banalização burocrática e dos desvios ideológicos. Mas essas experiências são sempre limitadas no tempo, ou aparecem sempre assim.

Essa tentativa de síntese é, necessariamente, redutora. A estrutura de uma instituição, em termos de linguagem "autodescritiva", aparece melhor, parece-nos, na descrição feita pelos cuidadores do trajeto ou percurso do paciente.

A descrição de sua própria instituição pelos cuidadores, por meio do relato do trajeto típico de um paciente, faz com que apareça a ou as linguagens autodescritivas. Essa informação permite avaliar, entre outros, o risco cronicizante que uma instituição comporta, particularmente, a utilização uniforme de um discurso único e coerente, fechado, exclusivo, seja ele burocrático ou ideológico, e, nesse sentido, problemático.

3

Psiquiatria Chinesa e Metáfora Burocrática

INTRODUÇÃO: PARTICULARIDADES E ESPECIFICIDADES
Robert Neuburger

Os membros da equipe psiquiátrica encontram-se no serviço[1] para tentar esclarecer suas relações com a família de uma jovem chinesa, hospitalizada há vários meses, com um acesso de delírio.

As visitas familiares são raras, a jovem só fala chinês e parece abandonada.

Combinamos algumas reuniões, das quais participarão a equipe médica, a paciente e sua família. De fato, apresentam-se apenas os pais e dois dos irmãos e irmãs. Nenhum deles fala nossa língua.

Chamamos Kristofer Schipper[2] para que ele possa servir de intérprete. Ele será "co-terapeuta", ajudando-nos a esclarecer os mal-entendidos que se estabeleceram entre a equipe cuidadora e a família, que levaram à situação atual, em que a hospitalização da jovem prossegue sem que se entreveja a menor solução.

Esse aparente abandono pela família é estranho. Kristofer Schipper nos conta que, na tradição chinesa, a abordagem familiar da doença mental é da ordem da evidência.

As "perturbações" psíquicas do indivíduo são sempre abordadas a partir de uma lógica, que inclui as condutas do grupo familiar, em particular, em relação aos ancestrais. O indivíduo não tem responsabilidade direta, ele é o mediador de uma mensagem dirigida à

---

1. Unidade de Recepção e de Psicoterapia familiar, da SPASM, dirigida pelo dr. Jolivet.
2. Especialista em cultura chinesa.

família, que o mestre taoísta decifrará apoiando-se em um "diagnóstico" familiar para descobrir a falta cometida e o ancestral lesado.

É provável que a abordagem individual proposta à família pela psiquiatria ocidental lhes tenha parecido "exótica", e se eles parecem aderir a ele foi da mesma perspectiva que a maioria de nós adere aos médicos orientais.

O encontro entre um terapeuta familiar e um mestre taoísta fará aparecer as similaridades na ação: encontramos em inúmeras famílias que vêm nos consultar essa prevalência do grupo e da lógica de pertencimento, sobre o indivíduo.

Nesse caso, mais do que tentar "liberar" o paciente de um meio supostamente mau, nocivo, manobra que, na maioria das vezes, conduz a uma escalada que o paciente acaba pagando sozinho, *preferimos nos apoiar nessa dimensão grupal*. Podemos considerar a presença, no seio da família, de um "paciente identificado" como uma tentativa de cura por parte do grupo *ameaçado em sua identidade*. O paciente pode funcionar como "o totem", aquele que protege, o "significante de pertencimento" à família. Assim, assinala uma dificuldade no âmbito do grupo... e representa uma forma de solução para o grupo. O papel do terapeuta familiar seria, então, o de permitir que o grupo reencontre suas capacidades de autonomia, de autocura, de criatividade, liberando o paciente de seu papel inútil.

No caso da jovem e sua família, K. Schipper nos ajudou a ter acesso à sua identidade, a nos familiarizarmos com suas crenças, seus rituais, para distinguir a particularidade "étnica" específica desse grupo familiar particular, singular, em dificuldade. Parecia-nos prejudicial tomar como "causa" as dificuldades específicas: a paciente não está doente, é rejeitada "porque eles" são uma família chinesa emigrante. Essa lógica conduziria a interpretar todo o comportamento que apareça em qualquer família, em função dessa ou daquela particularidade. Todas as famílias têm particularidades, mas não necessariamente o mesmo tipo de problema.

Nesse sentido, as informações dadas por K. Schipper foram preciosas, pois elas nos permitiram formular a seguinte questão: se, habitualmente, a solidariedade funciona nas famílias chinesas, em caso de doença mental, por que nesse caso eles parecem abandonar sua doente aos médicos?

Falando de outra maneira: Por que preferiram acreditar na medicina ocidental nesse momento de sua trajetória? Ficamos sabendo, então, que a necessidade de todo o grupo, para sua própria sobrevivência, é, nesse momento, uma mobilização dos esforços de todos a fim de reconquistar um *status* social. Mostrar uma crença na medicina ocidental, portanto, deixar a filha no hospital, permite uma fase de calma, enquanto que uma interpretação tradicional e familiar das perturbações da jovem teria verdadeiramente trazido uma crise ao grupo, dadas "acusações de além-túmulo", que a família atribui a um avô que morreu "abandonado" na China e que a família não pode assumir no momento.

Esse encontro deu a K. Schipper a oportunidade de lembrar-se de alguns fatos ainda mal conhecidos da psiquiatria chinesa, de tradição taoísta. A presença em Paris de uma importante colônia chinesa torna esses conhecimentos necessários.

PSIQUIATRIA CHINESA E METÁFORA BUROCRÁTICA
Kristofer Schipper

1. A medicina chinesa ganha popularidade no Ocidente. Conhecida quando da partida de médicos franceses para a Indochina, no começo do século, ela se difundiu à medida que as necessidades de uma medicina paralela se fizeram sentir na Europa. Incompreendida, adaptada, veiculada por um discurso falsamente sinológico, com freqüência, adquire formas taumatúrgicas.

Esse desenvolvimento subcultural, que a medicina chinesa conhece entre nós, é o oposto de sua situação original, na China tradicional. De fato, a medicina chinesa, durante muito tempo ligada à liturgia taoísta, dela se libertou e se ergueu como disciplina perfeitamente autônoma, não-teológica, por volta do século XI de nossa era. Foi nesse momento que, graças às tecnologias de imprensa, de guerra total e a novos sistemas de comunicação etc., a China entrou, bem antes de nós, em seu período de renascença e em sua época moderna. A medicina, sob o impulso e o controle da administração central, codificou seu saber empírico. Uma das grandes descobertas foi a anestesia, graças ao ópio. Uma outra é a inoculação antivaríola. Graças a esses desenvolvimentos, a China viria a se tornar o primeiro país superpovoado do mundo e registraria uma forte tendência à absorção de drogas medicinais. Essa tendência permanecera, até então, uma característica nacional. A nova medicina chinesa é praticamente livre de elementos rituais, até taumatúrgicos. Teorias muito exatas e

160

abstratas presidem a dosagem dos ingredientes de preparações farmacêuticas. A separação da religião é completa.

2. Essa medicina codificada é destinada às "pessoas normais". Ela se destina àqueles que sabem tomar medicamentos ou que sabem dá-los aos outros. Os ginecologistas (pois há especialidades) se consagram, sobretudo, a curar anemias, problemas de circulação (pés enfaixados!), doenças intestinais e, claro, tudo o que concerne à fecundidade, à gravidez etc. Em contrapartida, muito pouco espaço é consagrado, nos manuais, às diferentes formas de histeria. Para a remoção do súcubo[3] algumas receitas apenas, e que consistem em elementos fortificantes: gengibre, canela, ferro, ginseng, com fumigações purificantes graças a vapores sulfurosos, para todo o corpo e, sobretudo, para as partes genitais (*Nüke zhengzhi zunshen* 1607, j.3.152.4). Na medicina geral, os casos de doenças psíquicas não são muito abordados.

Com a racionalização da medicina geral, a doença mental encontra-se relegada ao domínio da terapia ritual e religiosa. Esta torna-se por excelência a medicina das desordens psíquicas. Mas também muda radicalmente em relação à medicina da Idade Média, a ponto de ser possível falar de psiquiatria. Vejamos em que consiste essa mudança.

Na Idade Média, a origem da doença era, de forma bem geral, atribuída ao pecado; não o pecado no sentido cristão do termo, mas, o pecado contra a vida. Todos os que, por uma conduta irresponsável e desrespeitosa para com os princípios da natureza, tivessem desperdiçado ou corrompido suas forças vitais, tinham, por isso mesmo, dado ocasião às forças "do mal". Esse desperdício era, então, uma falta contra a vida, contra os pais e os próximos, contra a sociedade etc. Códigos religiosos inventariavam e quantificavam as faltas, assim como os méritos, traduzindo-os, seja por diminuição seja por aumento da esperança de vida. De fato, qualquer falta significava uma diminuição da força vital, enquanto todo mérito se traduzia por um aumento.

Na época moderna, essa contabilidade escolástica perdeu sua razão de ser. A medicina se liberou da teologia, e a religião (o taoísmo) reconheceu as descobertas da ciência médica (pode-se dizer que o taoísmo é o único sistema místico-religioso tradicional que não tem

---

3. Nota de rodapé

atitude negativa para com as ciências naturais). As doenças físicas não são mais relacionadas à moral. E, grande inovação, as doenças mentais tampouco, pois, nos conceitos cosmológicos da China, não há oposição entre o espírito e a matéria. A noção do pecado desaparecera da etiologia das doenças físicas: ela desaparece também das doenças mentais, embora o tratamento dessas últimas continue de domínio do clero taoísta, os "mestres" investidos pela crença de conhecimentos extraordinários. Essa revolução na visão do homem traduziu-se pelo aparecimento de um novo código litúrgico, de um novo ritual, de uma nova encenação que permite dar expressão à nova racionalidade. Para isso, a liturgia se apodera daquilo que se convencionou chamar, em sinologia, de "metáfora burocrática": o sistema religioso se modela ponto a ponto pela administração do Estado e seu corpo de funcionários recrutados por concurso. Trata-se de um sistema perfeitamente impessoal: a legalidade do Estado não é de ordem teológica, mas é resultado do "sistema" (*fa*), ou seja, do código de leis que fixa as punições e as recompensas (o legismo).

A metáfora burocrática dá ao panteão o aspecto de uma administração. Os deuses são dotados de títulos precisos: ministro, secretário, prefeito, inspetor, escrivão, oficial de comunicação... Distingue-se uma administração civil e uma militar. Um novo código, de caráter sobretudo penal, fixa os atributos de cada componente desse sistema e as punições para cada falta. Coisa espantosa: esse novo código só diz respeito aos deuses e, acessoriamente, a seus representantes, o clero, nunca aos pacientes. Na Idade Média, a doença era atribuída ao pecado do paciente. Agora, a doença é inteiramente atribuída à transgressão dos seres sobrenaturais, dos deuses, dos ancestrais, dos patriarcas. Não resisto à tentação de citar um artigo ou dois do novo código, que foi publicado no século X e que continua válido, em seu conjunto, até agora.

> Todo o pessoal divino, civil ou militar, deus de montanha ou de rio, deus de cidade ou deus do sol, assim como qualquer outra divindade, inclusive os da terceira classe, quando receberam ordens escritas do ministério da Expulsão das Desordens, assim como as insígnias (insígnias, sinetes etc.) correspondentes à sua missão, devem conservar essas últimas com cuidado e restituí-las no momento de seu relatório final, ao término de sua missão. Qualquer negligência ou atraso será punido com dois anos de exílio.

"Qualquer ancestral que tenha problemas contra uma pessoa viva e os tenha levado diante das instâncias do Tribunal da Terra, mas que, sem acatar as decisões do tribunal, ataca ele mesmo perniciosamente essa pessoa, provocando aparições estranhas, fenômenos insólitos, com a finalidade de obter compensações, na medida em que o ancestral em questão não tenha atentado contra a vida da pessoa, mas apenas provocado perturbações por uma possessão (lit.: por aprisionamento) será encerrado, por ordem do tribunal, perpetuamente."

Taishang zhuguo qiumin zhongzhen biyao, 6. 3a e 8a.

Esse código, repito, é extraordinário, na medida em que só se dirige aos deuses e aos ancestrais (é a mesma coisa) e que nada de equivalente existe para os humanos, pelo menos no domínio religioso. São os deuses que tornam as pessoas doentes, por negligência ou por maldade, e essas doenças de origem sobrenatural são todas psicológicas e são consideradas como possessões abusivas (*sui*) por parte do deus ou dos ancestrais. A causa mais corrente dessas possessões se chama "acusação de além-túmulo" e intervém logo que as almas dos mortos tentam fazer justiça por si mesmas.

Tudo isso quer dizer que a doença mental é sempre vista como uma influência ilegal por parte de um espírito exterior, querendo dar expressão às suas reivindicações. Essas reinvidicações emanam de um ancestral atormentado e raramente referem-se ao paciente, mas quase sempre ao conjunto da família. A mentalidade dos ancestrais, em geral, é a de se impor, de preferência, a um membro da família que não pode ser verdadeiramente culpado, como uma criança ou uma velha dama virtuosa, a fim de mostrar o caráter alógeno da doença (tomando uma pessoa por definição inocente) e assim mobilizar toda a família. Um refinamento do estratagema prevê tornar loucos os membros de uma família, um após o outro, por uma espécie de efeito de contágio (*zhu*).

Para pôr ordem nesses assuntos familiares e separar os vivos dos mortos, assim como arbitrar suas desavenças, o ritual usa a metáfora burocrática. O mestre taoísta recebe o título de juiz ou até de presidente do Tribunal, e usa uma roupa que corresponde a essa função.

Antes de se ocupar de um negócio, ele deve ser solicitado pela família. Primeira condição: ele não faz diagnóstico. Cabe à família determinar, pelas vias que lhe parecerem apropriadas (conselhos familiares, astrologia, adivinhação, sonhos etc.), a identidade do ancestral perverso. A família deve fornecer um relatório escrito, circunstanciado, expondo o caso e seus argumentos.

O mestre, então, vai até a família, no quarto do paciente, e ali instala uma espécie de tribunal. Ele convoca o ancestral, coloca-o em posição de acusado e o interroga de uma maneira que imita em todos os pontos um interrogatório judiciário. Ele confronta as testemunhas, examina as provas etc. A forma como o ancestral se manifesta pode variar: ou ele fala pela "boca" do paciente, se encarna num médium solicitado para a ocasião, ou ele se expressa por outras técnicas espíritas, como a escrita automática. A maneira pouco importa, considerando-se que o paciente é tido como possuído.

Vejamos a seqüência: uma vez pronunciada a sentença, é preciso proceder ao ato de separação. Para esse fim, é costume fabricar uma imagem (um boneco) que é o retrato do paciente. Essa imagem se intitula "o corpo de substituição" (*ti-shen*). Um rito de partilha do sopro vital supostamente anima a imagem pelos espíritos vitais do paciente e, mais particularmente, pela má influência que dele se apoderara. Entre o boneco e o paciente, o mestre tece doze fios (doze energias do destino). Esse vínculo é em seguida cortado pelo oficiante, com a ajuda de uma espada. Em seguida, a sentença é executada sobre a imagem. As penas mais correntes são o exílio, o porrete, a decapitação e a prisão. O mestre chama então os espíritos vitais do paciente e os reintegra em seu corpo enquanto o espírito do ancestral punido é também recuperado e encarnado em um suporte, sobre o qual é escrito seu nome. Em seguida, será prestado um culto ao ancestral, tal como ele é representado em seu suporte. Esse culto compreende, inicialmente, ritos mais ou menos elaborados para o repouso de sua alma, e, depois, outras cerimônias mais simples e periódicas, para a manutenção de boas relações. Eventualmente, o ancestral se redime dos males que causou anteriormente pelos benefícios que proporciona à família.

Quanto ao mestre, ele recebe os agradecimentos e a remuneração pelos seus serviços. Sua relação com a família e com o paciente acaba aí. Ele não fez diagnóstico no início, não procurou curar o paciente que, de qualquer forma, não era considerado doente: o espírito que se apoderara do paciente é que era o doente!

3. Existe uma rica literatura sobre aos casos de possessão e sua cura. Nós temos, inclusive, relatórios de sessões de tribunais. Mas o caso que eu queria citar aqui, como exemplo, é mais próximo de nós. Ele se refere à jovem Xiao-Wei, com cerca de dezoito anos, filha mais velha de uma família de imigrantes recentes na França, originários da vila de Wen-zhou, na província de Zhejiang, na China continental. Xiao-wei já dera mostras de perturbações nervosas ainda antes de sua partida para a França. Em Paris, suas perturbações se agravaram. Tratada inicialmente em casa, depois em instituição, seu caso continua estacionário. O pessoal do hospital psiquiátrico em que Xiao-wei se encontrava comoveu-se com o que considerava um abandono da família e requeria uma terapia familiar. Foi então que se apelou para Robert Neuburger.

No dia do primeiro encontro, R. Neuburger comunicou-me uma intuição a respeito da família chinesa, que iríamos encontrar: "Imigrantes pobres, vivendo em comunidade fechada e trabalhando na confecção de roupas, tudo isso me leva a pensar nas famílias judias emigradas da Polônia. Deve haver nisso tudo uma história de avó que ficou na China".

Num primeiro momento, as esperanças de análise por analogia, ao que parecia, deviam ser abandonadas. Xiao-wei se apresentava como uma heroína de um filme de kung-fu de Hong Kong. Quanto a seu discurso, ele saía direto da boca do Grande Timoneiro Mao Tsé-Tung, morto há seis anos: "A China e a França são grandes países, que seguem vias de desenvolvimento diferentes. Essa diferença nunca deve prejudicar a grande amizade eterna que une os corações de nossos dois povos..."

Xiao-wei parecia preocupada em ver melhorias nas relações entre a França e a China.

A família, como um todo, parecia ter adotado sem reservas a metáfora burocrática da instituição psiquiátrica francesa. Longe de pensar em ter abandonado sua filha, os pais estavam conscientes de terem feito um esforço de adaptação à sua nova pátria, deixando a filha nas mãos de eminentes especialistas franceses, visto que lá estava a forma moderna de tratar doenças mentais. Eles já estavam ao corrente, antes de partir para casa, pois um médico chinês lhes dissera, quando a família pensara em deixar Xiao-wei em Wem-zhou devido a seu estado: "Levem-na à França; lá os doentes vão para instituições onde são muito bem alimentados". De fato, os pais expressavam continuamente sua grande deferência e gratidão para com todos. Tendo compreendido que esperávamos algo mais deles, convidaram o pessoal do hospital para um suntuoso jantar chinês...

As prescrições anti-homeostáticas de R. Neuburger deviam dar alguns frutos, visto que, na última sessão, a mãe de Xiao-wei se pôs a falar muito lentamente sobre seu ceticismo quanto à eficácia do tratamento na França. Ela nos contou, em poucas palavras, a verdadeira razão do problema: entre os vizinhos de cima, uma "criança" (leia-se um médium) pudera estabelecer o diagnóstico de origem do mal: o avô de Xiao-wei, morto algum tempo antes da viagem (a família esperara sua morte para partir), não estava contente por ter sido abandonado. Era portanto ele que escolhera sua neta como seu porta-voz, coisa provada por mil acontecimentos, como, por exemplo, a destruição integral da refeição familiar do Ano Novo por Xiaowei, que jogara todos os pratos pela janela... Assim, a intuição de R. Neuburger se confirmava, com a única diferença de que a família tinha, sobretudo, "doença do avô".

Infelizmente, o problema de Xiao-wei não pôde ser resolvido. A situação atual dos cerca de cem mil refugiados chineses na França não permite a prática de sua religião tradicional. Entre os bons cuidados das missões católicas, da embaixada da China comunista e a representação de Taiwan protestante, é impossível deixar em suas "superstições politeístas" esses refugiados que, além de tudo, devem se integrar! E, no entanto, essas superstições politeístas têm muitos aspectos interessantes.

4. Os processos a partir de "acusações de além-túmulo" liberam o paciente e responsabilizam toda a família, que deve reabsorver a anomalia por uma série de atos que se inscrevem na característica tradição da impecável ecologia chinesa: o paciente é o porta-voz do ancestral. Seu discurso deve ser levado a sério e seus sintomas são sinais importantes; as desordens mentais são de natureza divina. Elas merecem o maior respeito. A taxinomia das desordens está ligada à identidade do espírito possessor. O panteão chinês é um catálogo de desordens mentais.

Uma mesma lei, um mesmo Estado governa os homens e os espíritos. Os deuses não se situam no irracional, mas fazem parte de um mesmo sistema classificatório *ke*. Não poderia haver aí casos de "responsabilidade reduzida" entre os ancestrais e os deuses, que, de qualquer forma, não são seres irracionais! O código da metáfora burocrática desculpa o homem, e a expulsão do "corpo de substituição" liberta-o de interferências psíquicas indesejáveis. Em nenhum lugar, nem nos rituais nem na literatura, encontra-se menção de um aspecto moral. Os pacientes são isentos de sentimentos. Em contrapartida, são os espíritos possessores cujas fontes nos dão o retrato psicológico! Tudo isso leva a pensar em certas idéias desenvolvidas no *Chuang-Tsé*: "Um homem sem paixão ainda é um homem? O Tempo lhe dá seu aspecto, a Natureza, sua forma, ele não deixa suas paixões atentarem contra seu corpo; como não haveria aí um homem!'".

Referências Bibliográficas

DE GROOY, J.-J.-M. *Les fêtes annuellement célébrées à Emouy*. Paris, Annales du Musée Guimet (2v.), 1886.

DORE, H. *Recherches sur les superstitions chinoises*. Xangai, Imprimerie Lazariste (18v.), pp. 1905-18.

GRANET, M. *La pensée chinoise*. Paris, Albin Michel, 1934.

NEUBURGER, R. "Rituels d'appartenance, rituels d'inclusion"e "rituels familiaux et thérapie". In: *L'irrationnel dans le couple et la famille*. Paris, ESF, 1989.

SCHIPPER, K. "La représentation du substitut dans le rituel taoïste". In: *Fonctions du rituel*, 5ª journée de psychanalise et approche familiale systémique. Paris, CEFA, 1984.

_____. *Le corps taoïste*. Paris, Fayard, 1982.

STRICKMANN, M. *Les révélations du Mao Chan*. Paris, IHEC, 1981.

QUINTA PARTE

E O INDIVÍDUO?

1

Destino Individual, Destino Familiar

A questão do destino em psicanálise e em abordagem familiar sistêmica

INTRODUÇÃO — DEFINIÇÃO

Não se decide o destino, ele se impõe a nós, como não se decide tratar do destino; essa questão se impõe, tão pungente que é, nos pedidos individuais ou familiares. Patologia e destino parecem formar uma dupla estável, a ponto de se confundir. Seria o destino uma doença da qual nosso "destino individual" seria o sintoma?

Após ter definido o destino como figura do coletivo, lembraremos sua articulação com Édipo, o que permitirá abordar a questão da crença e suas transformações.

Enfim, mostraremos o papel do destino como mito fundador nas famílias, e a necessidade de levá-lo em consideração no campo das terapias familiares.

O destino é a representação de um mito, a crença em uma organização oculta que preside o destino dos grupos ou dos indivíduos, do qual é impossível ou muito difícil escapar. Deus, as estrelas, os ancestrais, a "estrutura", os genes, o vizinho da frente... tudo pode ser suporte, representação desse mito. O destino é uma criação *a posteriori*: só mais tarde decidimos que havia um destino, que até então se mostrara favorável e que se expressara por intermédio desse ou daquele evento, que dele seria a palavra, o sinal.

O destino, o *fatum*, é, antes de mais nada, uma palavra, uma mensagem. *Fatum* vem de *Fas*, a palavra; trata-se de uma palavra impessoal expressando algo confuso, misterioso *"como é misteriosa — disse Benveniste — a vinda das primeiras palavras na boca de uma criança"*. O *infans* era aquele que ainda não tinha recebido dos deuses o dom da palavra.

O *fatum* dos antigos, essa palavra não tem fonte pessoal, não é relacionável a um locutor humano: "Isso fala!". O *fatum* "extrai de sua origem supra-humana algo de misterioso, de fatal, de decisivo" (Benveniste). Essa palavra coloca limites (*Aephastos*), remetendo a uma ordem coletiva, a uma lei de essência divina (*fas*) completando aquilo que é da competência do direito civil (*ius*). Ela precisa de médiuns para transmiti-la e interpretá-la: os padres, os possuídos, os loucos, os moribundos, mas também o povo. *Vox populi, vox dei*, a voz do povo é também a voz dos deuses (é a função do coro em *Édipo rei*). O destino é uma figura do coletivo; lembra a prevalência necessária do coletivo, a submissão à lei divina, que supõe o pertencimento ao grupo.

ÉDIPO, O DESTINO INDIVIDUAL

Freud lembra que Édipo é a tragédia do destino. O coletivo representado pelo coro se opõe ao Homem-Édipo, que tenta tramar seu próprio destino individual, sua autonomia. E por isso Édipo mostra uma cegueira singular para com seu "édipo" nesse nível. A força da tragédia é bem conhecida; o espectador é envolvido no segredo dos deuses. Todos sabem que o destino de Édipo é matar seu pai e desposar sua mãe. O tema da tragédia é a descoberta, por Édipo, daquilo que todo o mundo sempre soube, que ele mesmo tem diante dos olhos e não vê, que temos vontade de lhe sugerir, à margem do que ele passa quando enuncia as próprias palavras que poderiam esclarecê-lo, se as ouvisse, como ressalta J.-P. Vernant. Édipo acaba se rendendo à razão e aceita a Lei do destino, voz do coletivo. Freud observa que *"o drama grego introduz a indispensável atenuação (da responsabilidade individual), de forma magistral, projetando o motivo inconsciente do herói no real, sob a forma de uma obrigação que lhe é estranha"*: Édipo pode permanecer entre os homens se se submeter ao coletivo... se não for mais "Édipo".

Freud, como Édipo, recusa a idéia do destino. Só transgredindo uma pessoa pode emergir de seu grupo familiar, separando-se do desejo dos pais: a afirmação pelo "não" induz ao desfusionamento, a desintrincação necessidade-desejo, inaugura a fase edipiana.

Mas, mostrando a necessidade da transgressão para todos, Freud reintroduz o destino pela outra porta: se o destino de todo ser humano é ter pulsões parricidas e desejos incestuosos, não há razão para fazer disso uma história, nem mesmo a de Édipo. O Édipo banalizado, asséptico, não é mais Édipo, mas um destino. Disso é testemunha a psicanálise americana, em que Édipo não é mais um escândalo nem uma transgressão, mas um estágio de desenvolvimento-padrão, um destino. Cada um dos pais espreita com benevolência esses sinais, aumentando a raiva dos pequenos: o destino é a doença da banalização! O Édipo torna-se um paradoxo, mais paradoxo do que complexo de Édipo: Édipo *luta* contra o destino, ou seja, contra o pai; "*o destino, definitivamente, é uma projeção ulterior do pai*" (Freud). Mas Édipo, *à medida que concerne a todos nós*, reintroduz a dimensão do coletivo, a *submissão* ao mito.

Cada um, para permanecer no pertencimento, deve inventar para si uma transgressão de seu pertencimento.

Esse aspecto auto-referencial de Édipo e seu destino pode ser encontrado na obra de Freud.

Seguimos dois encaminhamentos no pensamento de Freud:

- um indica o irremediável de Édipo (lei do devir psíquico), o destino-Édipo;
- o outro, a luta constante que o homem deve manter contra o destino para preservar sua humanidade: aqui nada é destino, nem a doença nem mesmo a morte. Prova disso são estas linhas, muito curiosas, em que Freud mostra a relatividade do inelutável da morte como destino: "*Não se pode aceitar a morte, pois ninguém sabe o que ela é; pode-se falar em morte se algumas células vão se multiplicar em nossa descendência?*" (p. 56 de *Essais*).

O que deduzir dessas hipóteses quanto ao lugar do destino aos olhos da psicanálise?

Os pedidos de análise, em geral, surgem num contexto em que a autonomia da pessoa é questionada pelos acontecimentos: fracassos profissionais, sentimentais... "*Eu sou responsável pelo que me acontece ou sou vítima de um destino que me fez nascer em tal família, ter tais pais, encontrar tal parceiro, ter uma constituição particular?*"

A irrupção de um destino, de uma crença no destino parece renúncia à autonomia, submissão a um coletivo pela banalização. Mas, ao mesmo tempo, o fato de o paciente vir à análise significa que ele tem uma dúvida quanto à realidade de um destino: essa dúvida, crer, não crer no destino, acarreta questionamentos, reflexões, angústias, até sofrimento e, às vezes, também, muito felizmente, criatividade.

O paradoxo das demandas, ligadas ou não a uma crença, a um destino, mostra que o papel do analista não é o de lutar contra o destino, nem o de servir o narcisismo da pessoa, mas, sobretudo, fazer a pessoa passar de um questionamento sobre crer ou não no destino, a um outro, que versará sobre a própria crença, sobre a necessidade da crença. Como dizia um jovem paciente: *"Crer é uma tolice, mas não crer é difícil!"*.

Ao término da análise, o paciente ver-se-ia confrontado com o paradoxo entre uma impossibilidade de crer ou não no destino, pelo menos um pouco...

"Crer é uma tolice, mas não crer é difícil", também para os analistas. Manter-se acima nem sempre é fácil, a crença no destino emerge nos discursos mais analíticos, tomando a forma da "estrutura", da "repetição" como explicação última. O analista, no entanto, não é um *"reparador de destino"*, conforme a expressão de Simenon. Ele não tem o encargo da alma. *Sua neutralidade seria sua capacidade de colocar a questão da necessidade de crer, seja no destino ou em seu sintoma, o destino.*

A interpretação não é a explicação. Se a interpretação empresta do oráculo sua forma, é para melhor expor a crença subjacente às convicções, fazer emergir a questão da crença e o que ela impõe de sujeições às pessoas.

DESTINO E FAMÍLIAS

A questão da relação do destino e das famílias é bem diferente daquela evocada a propósito do destino e do sujeito. Aqui, o destino não poderia ser uma doença, no máximo, ele pode ser doente: o destino é um constituinte essencial da identidade dos casais e das famílias. O destino abre para o coletivo.

Formar um casal, formar uma família

Se Édipo explica nossa autonomia, nossa existência e o processo de hominização, ele não explica por que decidimos formar um casal, um núcleo familiar.

Essa decisão pode surpreender a sociedade. O discurso da adolescência e da pós-adolescência é, em geral, do tipo: *"Não me casarei, não me alienarei, não terei filhos, preservarei minha independência..."*. Para justificar uma mudança de atitude a esse respeito, apela-se para um elemento na história da família, mais do que na dos pais, elemento que cria um vínculo, em geral tênue, mítico, que nos inscreve na história da família, em seu destino: é a busca *a posteriori* de um mito que justifica o que decidimos fazer.

Esse interesse pela história da família (que às vezes passa por um interesse pela terapia familiar) não é a procura de uma verdade histórica, mas de valores, de crenças, de particularidades, de todos os elementos que permitam identificar-se com o destino familiar por intermédio de tal caso, de tal traço de caráter de um ancestral.

Como essa busca é feita *a posteriori*, ela permite justificar qualquer escolha de objeto por meio de "precedentes" na história da família; há sempre uma possibilidade de encontrar um elemento que pode ser religado à escolha atual. Assim, para fulano, que escolheu uma esposa estrangeira: *"O que sempre me admirou era o que contavam sobre a tolerância e a grandeza de espírito de meu avô..."* ou, ainda, para quem tiver uma visão "extensiva" da vida conjugal: *"Meu avô teve três mulheres e dez filhos..."*

A decisão de estabelecer um casal, uma família, é determinada depois. As referências míticas criam um destino, introduzem o novo grupo em uma continuidade mítica, desde que dela se distinga posteriormente.

Destino e famílias em terapia

As famílias que vêm nos procurar, em geral, são ideologicamente fortes (crença mítica no grupo). Seu destino, até então, parecia assegurado. Quando a crença no mito de destino é ameaçada, essas mesmas famílias podem reagir violentamente: identificação de um paciente, rejeição.

Aquilo que ameaça a crença no mito fundador não é sempre evidente. Não é, necessariamente, um fracasso ou uma dificuldade; pode advir por ocasião de um sucesso individual.

O que mobiliza o grupo é a dúvida que as pessoas têm sobre seu destino.

Procurar, pôr em evidência as falhas de um grupo familiar já fragilizado tem um efeito destrutivo.

175

Sob o olhar inquiridor do terapeuta, o grupo pode se dissolver, remetendo-se cada vez mais a instâncias externas, que se tornam para ele figuras do destino, substituindo o destino familiar. Isso não cria autonomia para os membros da família; pelo contrário, eles podem mostrar-se cada vez mais dependentes de outras estruturas institucionais, fundir-se em outras instituições com destino aparentemente mais seguro: hospitais e outros centros.

Em nossa experiência, um grupo familiar só aceitará enfrentar uma crise que, apesar de tudo, é necessária — crise de seus valores, de seus mitos — se seu destino for suficientemente afirmado e reconhecido.

As diferentes técnicas que utilizamos são:

- o reconhecimento do suporte mítico do grupo; por exemplo, reconhecer um significante *totem*, assim como sua preocupação com a verdade ou, ainda, a qualidade de suas trocas, ou ainda a complexidade de sua comunicação etc.;
- a prescrição de ritual (de seu próprio ritual ou daqueles inventados pela equipe terapêutica);
- a prescrição do irracional nos casais;
- a utilização de metáforas.

Essas técnicas são meios para manifestar que nós reconhecemos a dimensão do pertencimento ao grupo, a identidade do grupo, seu destino particular. Esse reconhecimento permite estabelecer uma relação terapêutica em que, num segundo momento, poderá ser abordada a questão daquilo que é vivido como necessidade engendrada pela crença em um destino específico do grupo: assim, a "doença" seria o preço a pagar para preservar o pertencimento.

CONCLUSÃO

A questão do destino se coloca em termos muito diferentes nos campos individual e familiar.

- O destino é uma "doença" para a pessoa, pois se opõe à sua autonomia,
- O destino é um "tratamento" para os grupos familiares, pois ele sustenta sua identidade.

2

Suicídio e Perda
de Pertencimento

Introdução

As tentativas de suicídio freqüentemente são citadas por ocasião dos pedidos de terapia familiar e de casal. E, além disso, é um problema evocado no decorrer da terapia. Isso parece lógico, pois essas situações recorrentes requerem tratamento. Os estatísticos avaliaram em torno de 150 mil o número de tentativas de suicídio na França, em 1993, dos quais dez mil resultaram em mortes!

É um ato ainda mais grave porque, em geral, é reincidente, pela mesma pessoa ou no interior do mesmo grupo, e envolve pessoas "normais", em geral não reputadas disfuncionais: não há "perfil" de suicidas que permita uma prevenção real. Com freqüência, o ato inaugura o quadro clínico.

O tratamento é problemático. Pode-se propor um tratamento ambulatorial, psicoterápico, tratamentos medicamentosos da "depressão", mas essas propostas raramente surtem efeito, pois os pacientes não chegam a ultrapassar um ou dois encontros com os terapeutas. Se propomos entrevistas de família ou de casal, em geral, elas são aceitas, mas bem rápido a família ou o casal desiste, seja porque racionalizam o ocorrido. "Foi um ataque de loucura, efeito do cansaço" ou de qualquer outro evento etc., seja por que o ato é atribuído à natureza patológica do suicida. Se um tratamento mais pesado é efetuado, com hospitalização, o risco de criar um problema suplementar crônico não é negligenciável.

Como o caso da senhora Fata. Ela tem 38 anos quando vem à consulta com o marido, após uma tentativa de suicídio medicamentoso. Foi uma tentativa séria, que requereu reanimação em centro especializado. Os médicos se inquietam, pois ela ameaça reincidir assim que tiver oportunidade.

Trata-se de uma segunda tentativa. A primeira ocorreu cinco anos atrás, e fora seguida de uma hospitalização em instituição psiquiátrica, com uma prolongada licença do trabalho. Depois, ela não retomou atividade assalariada. Isso criou uma situação difícil e obrigou a família a mudar-se para um bairro da periferia, distante, pois o salário do marido não era suficiente para pagar o aluguel elevado. Por isso, o marido e os dois filhos do casal estão aborrecidos com a senhora Fata, que os obrigou a deixar seu meio familiar.

Os filhos têm onze e cinco anos de idade, dois meninos sem problemas particulares. O marido tem 42 anos, trabalha, não tem preocupações, afora os que sua mulher lhe criou. Ele pensa que eles têm tudo para serem felizes, e não compreende a atitude da mulher. Ela se queixa amargamente, tem a impressão de ser abandonada, de ajudar todo mundo e nada receber em troca. Tudo isso parece bem banal! Desde sua saída do hospital, ela é acompanhada por um psicoterapeuta e por um psiquiatra. E, no entanto, ela reincidiu. Considerar os suicidas "doentes", como neste caso, não é muito satisfatório, mas é também problemático banalizar o fato ou dispensar as pessoas sem qualquer ajuda terapêutica, sobretudo quando elas manifestam, como nossa paciente, o desejo de atentar novamente contra sua vida.

Diante dessa alternativa pouco sedutora, uma esperança foi criada, recentemente, por uma equipe de terapeutas familiares,[1] que trabalha com um serviço de reanimação. Esse contexto permite receber bem precocemente as famílias dos suicidas, ainda sob o choque emocional, e antes da ocorrência de racionalizações secundárias. A importância dessa experiência talvez tenha sido subestimada. É uma das raras contribuições originais surgidas nos últimos anos, em matéria de suicídio. A internação no hospital e, assim que possível, às vezes com o paciente ainda em coma, as entrevistas com os mais próximos, com o cônjuge, antes que se desencadeie o conhecido processo de banalização, de racionalização, acarretou uma queda espetacular no número de recidivas! O protocolo observado comporta, simplesmente, de três a quatro entrevistas com as pessoas mais próximas no mês que se segue ao ato intempestivo. Não se trata de terapias familiares,

---

1. A equipe é dirigida por J.-C. Oualid e D. Vallée, e a experiência se desenvolve no Centro hospitalar internacional de Villeneuve Saint-Georges.

mas de entrevistas centradas no desejo de morrer que o ato suicida expressa.

Essa experiência é particularmente importante, em razão da esperança terapêutica que cria. Pareceu-me necessário prolongá-la com algumas reflexões, certamente mais teóricas, mas que permitem sua transmissão mais facilmente.

SUICÍDIO E "TEORIA DO CONHECIMENTO COMUM"

O objetivo das entrevistas, segundo J.-C. Oualid, é o de "evitar a reorganização das transações que terminam em tentativas de suicídio". Mas quais são essas transações que levam à tentativa? Nossa hipótese é que se trata de uma falta de *teoria do conhecimento comum* (TSC) nessas famílias.

Essa expressão é habitualmente utilizada em inglês, pois se refere a uma teoria precisa, que poderia ser traduzida pela expressão "teoria do conhecimento comum".

De que se trata? A ilustração habitual é a história "dos maridos traídos de Bagdá": um problema de lógica, e, portanto, de uma Bagdá puramente imaginária. Essa cidade é regida por regras particulares no que se refere à vida conjugal:

1. Todo homem que descobre que é traído deve repudiar sua mulher no mesmo dia.
2. Todos, em Bagdá, sabem quem são os maridos traídos, exceto, é claro, eles mesmos, senão eles repudiariam imediatamente suas esposas! Em contrapartida, podem ver os outros além deles mesmos.

Um dia chega um missionário. Ele se instala por algum tempo, contente com a acolhida que lhe é reservada. No final de sua estadia, ele decide pronunciar um discurso de agradecimento, dirigido a toda a população, reunida para a ocasião.

Ele faz o seguinte discurso: "Caros amigos, fui feliz entre vós e agradeço vossa acolhida. Infelizmente, há algo que me desgostou, e é preciso que eu vos transmita: descobri que há pelo menos um marido traído entre vós!".

Após essas palavras fortes, o missionário parte, deixando a multidão perturbada. Ora, neste momento, há três maridos traídos em Bagdá! O problema é o seguinte: o que vai acontecer, conhecendo-se as regras em vigor em Bagdá naquela época?

A resposta é lógica: no terceiro dia, os três maridos vão repudiar suas esposas de uma só vez! Por quê? O raciocínio é o seguinte: tendo o missionário anunciado que há *pelo menos* um, e se houvesse apenas um marido traído em Bagdá, no primeiro dia ele seria o único a não ver *nenhum* marido traído. Ele daí deduziria que só pode ser ele e repudiaria sua mulher no mesmo dia, ou seja, no primeiro dia.

Se ali houvesse dois deles, cada um se tranqüilizaria no primeiro dia, vendo um marido traído: o outro! Mas, no segundo dia, cada qual vendo que "o outro" não repudiava sua mulher, cada um deles deduziria disso que a única razão pela qual o outro não o faz é porque há um outro, que só pode ser ele mesmo. Eles deduziriam, simultaneamente, que são eles mesmos e, em conjunto, repudiariam suas esposas no segundo dia e assim por diante...

O ponto importante é que o missionário não denunciou quem seria, designando-os: *um "efeito da verdade" pode ser obtido sem enunciar a verdade.*

Essa história nos interessa por mais de um motivo. Nós observamos que as famílias nas quais ocorrem fatos, às vezes graves, suicidas, mas também violências sexuais ou outras, são famílias nas quais reina uma ausência de TSC (*teoria do saber compartilhado*): *todo mundo sabe, mas ninguém sabe que todo mundo sabe...* portanto, todo mundo se cala.

Fenômenos desse tipo são observáveis em famílias em que ocorreu uma tentativa de suicídio: em geral, o que precede o ato é uma perda progressiva de contatos do futuro suicida com seu meio, com seus próximos. Mas ninguém parece se aperceber.

Só quando a família é reunida nos encontros que se seguem à tentativa é que se descobre que, de fato, todos sabiam: "Eu percebi que alguma coisa não ia bem, mas pensei que ele (ou ela) falava com minha irmã (ou meu irmão, ou minha mãe)" disse um. "Eu pensei que ele falava com meu pai" disse outro.

De fato, todo mundo sabia, mas ninguém sabia que cada um sabia... e contava com os outros para resolver o problema!

J.-C. Oualid sugere, para mobilizar a emoção, formular a seguinte pergunta: "Por que você quis morrer?". Parece-me que o efeito de uma pergunta como essa vai além de uma mobilização da emoção, mas introduz, quando é feita diante dos mais chegados, uma verdadeira TSC. Então, ninguém mais pode negar saber, nem negar saber que os outros sabem; ninguém mais pode esperar passivamente que aqueles que supostamente ajudarão se mobilizem!

A dificuldade reside na manutenção desse funcionamento aberto do tipo TSC. De fato, a falta de TSC é a norma comunicativa habitual dos grupos nos quais acontecem tais ações.

No entanto, parece que, na maioria dos casos, o enunciado precedente induz a um efeito durável.

SUICÍDIO E "DESPERTENCIMENTO"

É possível enunciar uma outra hipótese sobre a função cuidadora dessas entrevistas precoces. Obtida essa mobilização, claro que sob o golpe da emoção, ela funciona também como um sinal de solidariedade, em que o suicida às vezes pode expressar sua surpresa, sendo tal seu sentimento de desvalorização, que ele não esperava provocar tal mobilização ao seu redor. Sentir-se assim acompanhado, senão compreendido em seu sofrimento, inscreve-o novamente em um pertencimento estruturante em um grupo, sua família. É por isso que não se deve esperar muito para reunir os próximos, pois a desmobilização é rápida, desde que a pessoa esteja fora de perigo. Nós todos lembramos esses casos, em que, por ocasião de uma reunião precoce, cada um competia com testemunhos de afeto e solidariedade; duas semanas mais tarde, comprova-se que cada um voltou às suas ocupações, às vezes bem frívolas, ou esqueceu o encontro...

O que há de comum entre o suicídio de um adolescente em conflito com os pais, o de uma mulher abandonada, o de um administrador que perdeu seu emprego, ou o de um antigo primeiro-ministro, Bérégovoy?

Proponho enunciar todas essas situações por um mesmo termo: são todas situações de *despertencimento*. Proponho esse neologismo para significar que raramente, no suicídio, trata-se de uma relação consigo mesmo, mas de uma relação com grupos investidos. Pelo fato de não mais ser reconhecido como pertencente a um grupo ou pelo risco de perder seu pertencimento a um grupo.

Após uma tentativa de suicídio por defenestração, uma jovem mulher abandonada pelo cônjuge nos confiou: "É curioso, eu tentei suicídio porque meu marido partiu e, no entanto, ele não me faz falta!". A dimensão relacional com o marido não parece estar em causa; o que ela perdeu foi seu casamento, foi seu pertencimento a um pequeno grupo, que se chama casal, grupo que lhe conferia um pertencimento protetor, uma identidade investida.

É delicado analisar psicologicamente a vida de um homem público, sobretudo no caso de acabar em tragédia, mas o caso de P. Bérégovoy deu muito o que falar. Escreveu-se bastante que ele era "melancólico". De tão simplória, considero essa opinião chocante: se a pessoa se suicida, é porque um princípio suicida a impeliu, mesmo que o chamemos de "melancolia", e a partida é jogada ou o círculo é fechado! Parece-me, sobretudo, que seu apego ao partido socialista era muito importante, que ele contribuiu muito para valorizar esse grupo, que em troca lhe deu um reconhecimento, conferiu-lhe um pertencimento valorizante. As acusações de que foi objeto fizeram-no temer que elas se derramassem sobre todo seu grupo, com o risco de "poluí-lo". Que o partido estivesse em perigo de perder sua credibilidade por sua causa era-lhe insuportável. Ele se eliminou como um perigo potencial para seu grupo de pertencimento.[2]

Entre situações análogas, citemos o caso do suicídio de um certo número de judeus alemães com o advento do nazismo. Eles não se suicidaram para fugir das ameaças. Tratava-se de uma categoria particular: eram judeus nacionalistas, em geral antigos combatentes da guerra 1914-18. Os nazistas estavam incomodados com eles, pois eram também bons, até melhores patriotas do que eles. Deviam, portanto, marginalizá-los. Assim, foram montados dossiês de acusações para provar seu desprezo pela Alemanha. Alguns foram acusados de ter cuspido no monumento aos mortos! Serem excluídos de uma comunidade nacional na qual eles acreditavam mais que os nazistas, que os acusavam, acarretou dezenas de suicídios entre essa comunidade. Eles não apenas não suportaram ser excluídos, mas, também, ver o país que amavam nas mãos de gente desprezível conduziu-os ao desespero e à morte.

Os suicídios que sobrevêm após problemas profissionais, como perda de emprego, sobretudo entre executivos que muito investiram em sua atividade, podem estar ligados a problemas de despertencimento. Uma situação típica é aquela em que a compra de uma sociedade por outra tem como finalidade eliminar uma sociedade rival. Os primeiros demitidos são, no caso, os executivos mais eficazes, pois trata-se de destruir uma ferramenta de trabalho. Quanto mais um executivo se mostrou devotado, quanto mais ele investiu na socieda-

---

2. Essa teoria, apresentada às pessoas próximas de P. Bérégovoy pareceu-lhes admissível; de qualquer modo, mais crível do que a teoria da melancolia.

de como um grupo de pertencimento suporte de sua própria identidade, maiores são as possibilidades de que se encontre entre os primeiros demitidos! Em tal situação, em que o pertencimento é negado, são de temer possíveis atos suicidas.

Quanto aos suicídios de adolescentes, raramente estão ligados apenas a conflitos com os pais. Estão em questão, com mais freqüência, problemas de "bandos", grupos, ciúmes, exclusões. Daremos, em seguida, um exemplo do caso que ilustra situações psiquiátricas.

Relato de caso

Completemos o relato que começamos, concernente à paciente Fata, que estava em sua segunda tentativa e ameaçava recomeçar.

Ela trará um elemento anamnésico importante: na véspera de sua última tentativa de suicídio ela encontrara seu psicoterapeuta e ele lhe teria aconselhado que se ocupasse um pouco mais com ela mesma e menos com sua família...

Lembremos o contexto: depois de sua primeira tentativa de suicídio, a senhora Fata fica em casa, não trabalha mais, está isolada de sua própria família de origem, os filhos estão crescendo, o marido está muito ocupado.

Um elemento importante é a história de sua união: é uma bela história, uma saga muito valorizada, sobretudo por ela, e que lhe acarretou um apego considerável à imagem de seu casamento. Quando eles se conheceram, descobriram um ponto em comum, que os aproximou imediatamente: ambos perderam suas mães precocemente, ela aos cinco anos e ele aos onze. Ambos tiveram madrastas pouco calorosas e praticamente não puderam elaborar o luto por uma mãe precocemente desaparecida. Essa descoberta de seu infortúnio comum funcionou como o "irracional fundador" em seu relacionamento.

O que aconteceu que levou a senhora Fata ao desespero, a ponto de atentar contra sua vida? Nós pudemos formular a seguinte hipótese: sua união era fundada nessa identidade de luto impossível. O problema é que o casal funcionou muito bem: o marido ficou à vontade nesse pertencimento, que logo preencheu sua vida afetiva. A partir de então, ele elaborou o luto da perda materna, mas, assim, de certa forma, saiu do casal que banalizou ao não mais compartilhar com a mulher essa crença mítica num luto impossível! A identidade do casal foi atacada por esse risco de banalização. Ela reintroduziu o irracional, o mito do casal, impondo ao marido que voltasse a pensar na morte...

Compreende-se, então, por que as palavras do terapeuta levaram-na a querer morrer: elas negavam sua identidade de pertencimento, indicando-lhe que devia renunciar a essa saga de casal, que lhe permitia suportar uma situação de isolamento e de sacrifício.

Para nós, as ameaças de suicídio tinham por função lembrar o irracional fundador do casal, mantendo o cônjuge ligado ao pensamento de um luto, que remete à origem de seu casamento. Esse reenquadramento das condutas suicidas lhes foi proposto: disseram-lhes que o problema de sua união é que, quando funciona, eles correm o risco de esquecer sua identidade de casal, o que têm em comum, ou seja, o luto impossível por uma jovem mãe precocemente desaparecida, e, logo, nesse momento, seu casamento não funciona mais! A senhora Fata, então, fez tentativas para reanimar o ideal de casal, mas essas tentativas colocam em perigo o que ela quer salvar... Parace-nos, no entanto, que eles têm outros valores em comum. Nós observamos que ambos tinham tendência a ajudar espontaneamente: ela, os membros da família; ele, os membros de seu grupo profissional (ele era sindicalista). Foi proposto um ritual: reuniões semanais em que, juntos, eles imaginassem um tipo de ajuda de que pudessem participar. Com essa prescrição, é esperado que vingue um "enxerto mítico", que estruture o casal de modo menos mortífero.

Um último caso, concernente a uma pós-adolescente.

Ela tem dezenove anos, seu caso é apresentado por ocasião de uma sessão de supervisão. O terapeuta não sabe mais o que propor. Erminia fez uma terceira tentativa de suicídio, que desta vez ainda não deu certo.

A primeira ocorreu há alguns meses. Seu companheiro a abandonara pela amiga com a qual dividia um apartamento. Erminia vivia cerca de cem quilômetros longe da família, para seguir seus estudos. Após a tentativa, ela voltou para a casa de seus pais, que decidiram levá-la a uma consulta com um psiquiatra, e foi assim que nosso colega teve conhecimento da situação.

É um lar modesto: o pai é motorista de ônibus e a mãe permanece em casa, onde faz alguns trabalhos de costura. Os pais têm três filhos, Erminia é a última. A primogênita tem vinte e seis anos, é mal casada, tem um filho com síndrome de Down, do qual se ocupa a avó materna, que vive com eles. Depois vem o filho. Ele deixou a casa, raramente dá notícias, vive maritalmente com uma mulher bem mais velha do que ele, e não trabalha.

O colega fica sabendo que Erminia, preocupada com as dificuldades financeiras dos pais, trabalhava e estudava. Levantava-se todos os dias às cinco horas para distribuir jornais! Os pais atribuem a "depressão" de Erminia a esse excesso de trabalho.

Erminia volta para a cidade onde estuda e, lá, tenta novamente o suicídio. Os pais pensam que ela não pode mais viver longe da família, exigem que ela interrompa seus estudos e que volte para a casa da família. Ali ela cometeu sua terceira tentativa de suicídio, a mais grave.

O terapeuta hesita quanto ao prosseguimento do tratamento. Atualmente, Erminia se considera e é considerada pelos pais como "doente".

Comentários: o efeito do tratamento, até o presente momento, foi o de favorecer um processo de designação tanto por parte dos pais quanto da própria Erminia. Infelizmente, esse efeito é freqüente nesses casos, em que, por ocasião de um pedido, faltam um ou dois dos atores essenciais ao drama. São pedidos de ajuda a propósito de situações de "despertencimento", aqui, para Erminia, a perda de seu parceiro e, ao mesmo tempo, de sua amiga. Essa situação está próxima daquilo que se pode verificar como patologia após um divórcio, mas também após a perda do trabalho para um executivo; para alguém após ter sido expulso de seu país ou, ainda, qualquer outra perda no âmbito de um grupo de pertencimento investido. É claro que os pacientes que se apresentam em consulta têm só uma parte das informações. Mas não nos é possível fazer vir o outro ou os outros parceiros do drama. Como, nesse caso, fazer vir o ex-companheiro ou a amiga com a qual ele se foi! A paciente está só perante seu problema e conclui por sua inteira responsabilidade: desde que é ela quem consulta e desde que aceitamos recebê-la, é ela que tem um problema, que é "doente"...

É difícil estabelecer um campo terapêutico em uma situação de "despertencimento" sem culpabilizar o paciente.

Por isso, após algum tempo, nós não aceitamos mais pedidos de apoio psicoterapêutico por parte de executivos que perderam seu pertencimento profissional, sem medidas de acompanhamento, ou seja, a exigência de que eles participem, paralelamente, de atividades sociais substitutivas: trabalho voluntário em uma associação humanitária ou de ajuda, juntamente aos executivos, ou qualquer outra atividade que os situe em um pertencimento. É a esse preço que um verdadeiro trabalho terapêutico pode ser encetado. Senão, há o risco de que o paciente utilize as estruturas médicas de ajuda como grupo de pertencimento e se torne um crônico!

No que concerne a Erminia, parece-nos que seu drama atual é que ela perdeu sua identidade de casal, suas relações de amizade e, agora, sua identidade de estudante. Nada mais lhe resta senão uma identidade ligada a seu pertencimento familiar, mas o preço a pagar é elevado: aí ela só pode ser doente; senão, como poderia aceitar ajuda dos pais, os quais ela pensa que estão em dificuldades, não somente por motivos financeiros, mas também devido às preocupações que lhes dão os outros filhos?

Propomos ao terapeuta que introduza o reenquadramento seguinte: Erminia teve muitos problemas depois que deixou a casa; ela foi ferida por seu companheiro e traída por sua amiga. Mas nós observamos que seus irmãos tiveram igualmente problemas com o mundo exterior. A filha mais velha fez um mau casamento, teve de enfrentar o nascimento de um filho com síndrome de Down, o irmão foi desencaminhado por uma mulher mais velha, que o sustenta na ociosidade. Nosso objetivo é agir sobre a designação da qual Erminia é objeto. Vamos colocá-la no mesmo nível dos outros filhos da família: todos são vítimas do meio exterior. Talvez sejam todos por demais confiantes? Erminia tem a mesma "doença" que os outros membros da família: uma extrema confiança no mundo, que eles acreditam que seja conforme a confiança que reina entre eles. Propomos, assim, criar um sentimento de pertencimento ao grupo que não repouse exclusivamente na ajuda a proporcionar a Erminia.

E A PREVENÇÃO?

Dissemos que o ato suicida em geral inaugura um quadro clínico. A questão da prevenção é, portanto, fundamental. A introdução de uma TSC ou TCC no âmbito dos mais próximos, da família, mas, também, às vezes, utilizando as redes existentes (escola, clínico geral...) parece prevenir em número significativo os riscos de repetição do ato.

Se, para os interventores externos, confirma-se difícil, senão impossível fazer a prevenção primária, a teoria do "despertencimento" autoriza a propor uma prevenção individual sob a forma de uma "higiene" do pertencimento! Cada qual tem a possibilidade, em certa medida, de gerir seus pertencimentos estruturantes, suas participações na vida de grupos: o casal, a família, o meio profissional, um clube esportivo, um grupo confessional... É perigoso para uma pessoa deixar-se encerrar em um único pertencimento.

O efeito terapêutico das entrevistas precoces, provavelmente, está ligado a um efeito de reconexão da pessoa em um grupo, que ela pode novamente investir.

Mas, a partir daí, resta fazer um trabalho de aproximação individual, que diz menos respeito à estrutura da pessoa do que à gestão futura de seus pertencimentos. Uma ferramenta que propomos nessas situações é a do *pertencimentograma*. Esse neologismo particularmente feio relata uma técnica de estudo dos pertencimentos de uma pessoa: assim, nós lhe pedimos para representar seus diferentes pertencimentos por círculos mais ou menos grandes, em função da importância que a pessoa lhes atribui. É possível introduzir a dimensão temporal pedindo à pessoa que represente seus pertencimentos em diferentes momentos de sua vida. A pessoa se vê assim existir no cruzamento de seus pertencimentos, observa os momentos de autonomia, que são os períodos em que se impõe uma escolha, mas também "perdas" de pertencimento, as crises etc.

Nas Figuras 10 e 11 propomos dois exemplos, um de uma pessoa normal (um estudante), o outro feito por Erminia.

Para Concluir Provisoriamente

Essa necessidade vital de pertencer para existir, essa alienação incontornável a grupos de pertencimento pode criar um desafio: o de ultrapassar o que não é ultrapassável! Após tudo, o ato suicida representa também uma encenação de sua própria morte, um ritual do qual se é o único participante; não haveria aí a idéia de criar um grupo de pertencimento consigo mesmo, um casamento consigo mesmo na morte, um pertencimento do qual não se pode ser desalojado? Certamente, essa tentativa "de autopertencimento" está destinada a fracassar se for bem-sucedida, mas pode-se sempre evitar o sonho, a busca do impossível?

Os círculos representam os grupos de pertencimento por meio dos quais a pessoa se constitui. O diâmetro dos círculos é função da importância concedida a este ou aquele grupo de pertencimento: família, casal, meio profissional...

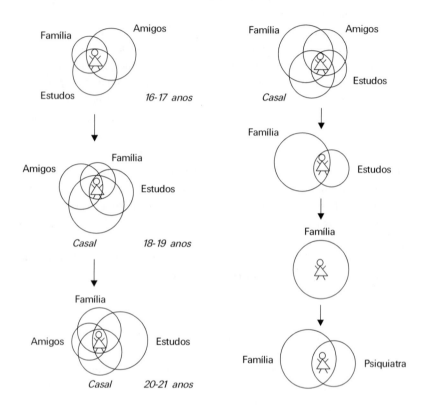

FIGURA 10
Pertencimentograma "banal"

FIGURA 11
Pertencimentograma de Ermínia

ESSES INDIVÍDUOS

Referências Bibliográficas

LINARES, J.-L. *et al.* "La thérapie familiale systémique dans la tentative de suicide", *Psychologie Médicale*, 16-12, pp. 2073-4, Paris, SPEI, 1984.

OUALID, J.-C. "Abord familial des tentatives de suicide", *Actualités Psychiatriques*, 2, 1990, pp. 25-8.

VALLEE, D. Pour une suicidologie systémique. *Thérapie familiale*. Genebra, 1988, v. 9, n. 2, pp. 159-65.

Conclusão:
Da Norma ao Mito

O mito é o sonho de um grupo, de uma família, de um casal, de uma instituição. Às vezes, sintomas se fazem necessários para continuar a sonhar em grupo, sobretudo quando a sociedade intervém querendo impor seus próprios mitos, que chamamos de norma, falando de outra maneira, a soma de preconceitos de uma época sobre o que deve ser uma família, um casal.

O lugar do terapeuta está, com freqüência cada vez maior, entre os pequenos grupos e a sociedade, como garantia de um campo fora do familar ou do social, uma zona neutra: *o quadro terapêutico*. Para criar esse quadro, cabe-lhe dizer algo dessa relação entre norma e mito, que restabeleça os grupos em sua identidade.

No correr da obra são desenvolvidas técnicas que têm essa função de reconhecimento: "enxerto mítico", conotação positiva do apoio mítico familiar ou do casal, "pertencimentograma", "teste de liberdade" etc.

Essas técnicas permitem levar em consideração o pedido dos grupos, de serem validados, de inscrever ou reinscrever os indivíduos em seus grupos de pertencimento, para transformar pessoas que pedem ajuda em pessoas que utilizam a ajuda.

Nota: os nomes das famílias apresentadas são, na maioria, extraídos de *Sonhos de uma noite de verão*, de W. Shakespeare, na versão italiana.

Bibliografia

Reunimos uma bibliografia sobre o tema "mitos e famílias", que é também uma homenagem a seus autores, companheiros de percurso ou predecessores, em particular: A. Ferreira; M. Selvini Palazzoli; J.F Cecchin; J. Byng-Hall; P Caillé e J. Miermont.

Dicionários

DICTIONNAIRE DES THÉRAPIES FAMILIALES, sob a direção de J. Miermont, Payot, 1987, ver. artigo "Mythes familiaux", pp. 370-2.

MIERMONT J.; STERNSCHUSS-ANGEL, S.; NEUBURGER, R. & SEGOND, P. "Thérapies familiales". Paris, Techniques, *Encycl. Méd. Chir. Psychiatrie*, 1, 1990.

DICTIONNAIRE CLINIQUE DES THÉRAPIES FAMILIALES, sob a direção de BENOIT, J.-C. e MALAREWIICZ, J.-A. Paris, ESF , 1988, ver artigo "Mythes familiaux", pp. 344-6.

Artigos e obras

ANDOLFI, M.; ANGELO, C.; DE NICHILO-ANDOLFI, M. *Temps et mythes en psychothérapie familiale.* Paris, ESF, col. "Sciences humaines appliquées", 1990.

ANDREY, B. "Du mythe au rituel en thérapie familiale systémique". In: Rey Yveline (dir.), *La thérapie familiale telle quelle... de la théorie à la pratique.* Paris, ESF , col. "Sciences humaines appliquées", 1983, pp. 106-18.

_____. "Un recadrage métaphorique: Le conte de la famille", *Thérapie familiale*, v. 8, 1, pp. 77-97, (Biblio. 7, ref.).

AUBERTEL, E. "Les fonctions de l'idéologie familiale — Dialogue", 108, 2º trimestre, 1990, *Liens et séparation*, 1990, pp. 73-87.

BOSCOLO, L.; CECCHIN, G.; HOFFMAN, L. & PENN, P. *Le modèle milanais de thérapie familiale, théorie et pratique*. Paris, ESF, col. "Sciences humaines appliquées", 1992.

BYNG-HALL, J. J. "Famly myths used as defence in conjoint family therapy". *British Journal of Medical Psychology*, 46, pp. 239-50, 1973.

_____. "Family legends: Their significance for the therapist". In: BENTOVIM, A.; GORELL, G.; BARNES, A. COOKLIN (dir.), *Family therapy: complementary frameworks and practice*, v. l. Londres, Academic Press, 1982.

_____. "Scripts and legends in families and family therapy". *Family Process*, v. 27, 2, Jun., 1988, pp. 167-79.

CAILLÉ, P. *Familles et thérapeutes (Lecture systémique d'une interaction)*. *Paris*, ESF, col. "Sciences humaines appliquées", 1985.

_____. *Un et un font trois. Le couple révélé à lui-même*. Paris, ESF, col. "Sciences humaines appliquées", 1991.

CAILLÉ, P. & REY, Y. *Il était une fois: du drame familial... au conte systémique*. Paris, ESF, col. "Sciences humaines appliquées", 1987.

_____. *Les objets flottants*. Paris, ESF, col. "Sciences humaines appliquées", 1994.

CASSIERS, L. "Homéostasie familiale et espace mythique individuel: une contradiction?", *Thérapie familiale*, v. 9, 2, 1988.

ELKAÏM, M. *Psychothérapie et reconstruction du réel: épistémologie et thérapie familiale*. Paris, Ed. Universitaire, 1984.

_____. *Si tu m'aimes ne m'aime pas* (approche systémique et psychothérapie). Paris, Le Seuil, col. "La couleur des idées", 1989, pp. 111-8.

EIGUER, A. "Le mythe familial, le mythe social, le mythe du couple". *Dialogue*, 1984, 84, especial. "Mythes familiaux", pp. 86-102.

_____. *La parenté fantasmique. Transfert et contre-transfert en thérapie familiale psychanalytique*. Paris, Bordas, 1987, 8, p. 222, col. "Psychismes".

FERREIRA, A. "Family myth and homeostasis". In: GREEN, R. J. e FRAMO, J. L. (dir.), *Family therapy: major contribution*, N.Y. 1983, nº 8, pp. 106-17, Ref. Ext. de *Archives of general psychiatry*, 9, pp. 457-463, nov. 1963.

FERREIRA, A. "Les mythes familiaux". In: WATZLAVICK, P. e WEAKLAND, J. H. (dir.) *Sur l'interaction*, Palo Alto, 1965/1974. Paris, Le Seuil, 1981, 8, pp. 83-91.

Génitif (revista), *Passions de famille*. Paris, n° 11, nov. 1980.

GOFFINET, S. "Mythe, rituel et autoréférence en thérapie familiale". *Thérapie familiale*, v. 11, 1, 1990.

GOUTAL, M. *Du fantasme au système. Scènes de famille en épistémologie psychanalytique et systémique*. Paris, ESF, col. "Sciences humaines appliquées", 1985.

GOSSIAUX, J.-F. "Mythologie du nom de famille". *Dialogue*, 1984, 84, especial *Mythes familiaux*, pp. 29-45.

GUITTON-COHEN, ADAD C. *Instant et processus* (analogie en thérapie familiale systémique). Paris, ESF, col. "Sciences humaines appliquées", 1988.

JOUBERT, C. "Le mythe familial. Un organisateur de la cure, une nouvelle histoire". *Journal des psychologues*, 40, setembro 1986, pp. 31-5.

LEMAIRE, J.-C. "Famille, amour, folie: lecture et traitement psychanalytique des liens familiaux". *Centurion*, 1989.

LOUX, E. "Tradition familiale et secret". *Dialogue*, 100, 2° trimestre, 1988, pp. 86-91.

MARUANI, G. "Sociogénétique des schismes familiaux". *Génitif*, v. 4, 2, fev. 1982, pp. 85-93.

MIERMONT, J. *Écologie des liens*. Paris, ESF, 1993.

MONROY, M. *Scènes, mythes et logique: vingt exercices de lecture systémique en thérapie familiale*. Paris, ESF, col. "Sciences humaines appliquées", 1989.

MONTAGANO, S. PAZZAGLI, A. "Il mito di Giuseppe" e *Terapia Familiare*, 20, mar. 1986, pp. 39-47.

MOREL, D. *Porter un talent, porter un symptôme: les familles créatrices*. Éditions Universitaires, Begedis, 1988.

NEUBURGER, R. *L'autre demande (psychanalyse et thérapie familiale systémique)*. Paris, ESF , col. "Sciences humaines appliquées", 1984.

_____. *L'irrationnel dans le couple et la famille (à propos des petits groupes et de ceux qui les inventent)*, ESF, col. "Sciences humaines appliquées", 1988.

ONNIS, L. *Corps et contexte: thérapie familiale des troubles psychosomatiques*. Paris, ESF, col. "Psychothérapie, méthodes et cas", 1989.

PENOT, B. "La famille Narcisse". *La Psychiatrie de l'Enfant*, v. 31, 2, 1988, pp. 607-41.

Pistes (revista). *Le destin est-il une maladie?* (10ª journée "Thérapie familiale et psychanalyse", CEFA, 1989).

RUFFIOT, A. "De la logique opératoire au tissu mythique familial". *Dialogue*, 100, 2º trimestre 1988, "Le dialogue et le secret", pp. 101-5.

_____. "Fonction mythopoétique de la famille. Mythe, fantasme, délire et leur genèse" *Dialogue*, 70, 4º trimestre 1980, pp. 3-19.

SALEM, G. "Le récit familial et ses variations". *Thérapie familiale*, v. 11, 3, 1990.

_____. *Individu et système*, 1990, pp. 281-293, biblio. (24 réf), fig. Journées romandes de thérapie systémique, 3, 1989.

SELVINI PALAZZOLI, M.; BOSCOLO, L.; CECCHIN, G. F. & PRATA, G., *Paradoxe et contre-paradoxe: un nouveau modèle pour la thérapie de la famille à transaction schizophrénique*. Paris, ESF, col. "Sciences humaines appliquées", 1978.

SCHMIT, G. "Mythe familial et groupe familial complexe. À propos d'un cas", Neuropsychiatrie de l'enfance et de l'adolescence, v. 37, 7, jul. 1989, pp. 337-40.

STIERLIN, H. "Group fantasies and family myths", pp. 192-209. In: STIERLIN, H. *Psychoanalysis and family therapy. Selected papers*, Nova York, 1977, 8, p. 335, artigo também publicado em *Family Process*, v. 12, 2, jun. 1973, pp. 111-25.

TODD, E. *L'enfance du monde, structures familiales et développement*. Paris, Le Seuil, col. "Empreintes", 1983.

VAZ-LEAL, F. J.; INGELMO-FERNANDEZ, J. & LOPEZ-VINUESA, B. "Idéologie, pragmatique et dysfonctionnement familial: le rôle des mythes", *Psychothérapie*, 1987, 1, pp. 37-42.

ROBERT NEUBURGER

Psiquiatra, psicanalista e terapeuta de casal e de família em Paris. Co-dirige um centro de terapia familiar na Sociedade Parisiense de Auxílio à Saúde Mental.

É diretor científico do Centro de Estudos da Associação da Família — CEFA, e vice-presidente da Sociedade Francesa de Terapia Familiar, bem como professor na Universidade Livre de Bruxelas. Ele forma e supervisiona terapeutas na França e em outros países.

Leia Também

A TERAPIA FAMILIAR EM TRANSFORMAÇÃO
Mony Elkaïm (org.)
A terapia familiar está em plena fase de mutação. Uma nova geração de terapeutas faz indagações acerca dos princípios teóricos e da eficiência dos métodos empregados no tratamento de famílias. Novas abordagens têm surgido e reclamado seu lugar no cenário mundial. Nesta obra instigante, o terapeuta, autor e sistematizador Mony Elkaïm descreve tais processos de transformação à luz dos mais recentes questionamentos e propostas, e nos oferece uma descrição das mais novas abordagens apresentadas pelos seus próprios autores e idealizadores. REF. 10690.

PANORAMA DAS TERAPIAS FAMILIARES – Vol. 1
Mony Elkaïm (org.)
O livro apresenta as principais escolas que lançaram suas raízes e inovaram o campo das terapias familiares, hoje reconhecidamente uma das práticas terapêuticas mais eficazes. Apresenta aspectos teóricos e práticos das diversas correntes. Neste primeiro volume são apresentadas vertentes do movimento sistêmico, o modelo trigeracional, a terapia contextual, a terapia familiar psicanalítica, a escola estrutural, as pesquisas da escola de Milão e a terapia comportamental de casal. REF. 10614.

PANORAMA DAS TERAPIAS FAMILIARES – Vol. 2
Mony Elkaïm (org.)
Nos mesmos moldes do primeiro volume, são apresentados aqui o modelo de Carl Whitaker, a terapia simbólico-experimental e o trabalho de Virginia Satir. Na segunda parte do livro seguem-se as práticas feministas em terapia familiar, tratando de questões como gênero e identidade sexual. O construtivismo, o construcionismo e as terapias narrativas compõem a terceira parte. A obra é completada pelo artigo de Mony Elkaïm, que mostra a evolução do movimento das terapias familiares em todo o mundo. REF. 10615

OS JOGOS PSICÓTICOS NA FAMÍLIA
M. S. Palazzoli, S. Cirillo, M. Selvini, A. M. Sorrentino
Nesta importantíssima obra, Mara Selvini Palazzoli, uma das personalidades mais importantes em terapia familiar, e seus colaboradores apresentam os resultados de seu trabalho no Centro de Estudos da Família, em Milão. Integrando os campos da pesquisa e da terapia, lançam as bases para a compreensão das psicoses a partir dos mecanismos dramáticos da interação familiar, denominados jogos. O método desenvolvido pela equipe está em constante evolução, permitindo a avaliação de resultados, bem como a correção de rumos na terapia quando se faz necessário. REF. 10554.

Impresso pelo Depto Gráfico do
CENTRO DE ESTUDOS
VIDA E CONSCIÊNCIA EDITORA LTDA
R. Santo Irineu, 170 / F.: 549-8344

- - - - - - - - - - dobre aqui - - - - - - - - - - - -

ISR 40-2146/83
UP AC CENTRAL
DR/São Paulo

CARTA RESPOSTA
NÃO É NECESSÁRIO SELAR

O selo será pago por

summus editorial

05999-999 São Paulo-SP

- - - - - - - - - - - dobre aqui - - - - - - - - - - -

O MITO FAMILIAR

summus editorial
CADASTRO PARA MALA-DIRETA
Recorte ou reproduza esta ficha de cadastro, envie completamente preenchida por correio ou fax,
e receba informações atualizadas sobre nossos livros.

Nome:_____ Empresa:_____

Endereço: ☐ Res. ☐ Coml. _____ Bairro:_____

CEP: _____-_____ Cidade: _____ Estado: _____ Tel.: ( ) _____

Fax: ( ) _____ E-mail: _____ Data de nascimento: _____

Profissão:_____ Professor? ☐ Sim ☐ Não Disciplina: _____

1. Você compra livros:
☐ Livrarias   ☐ Feiras
☐ Telefone   ☐ Correios
☐ Internet   ☐ Outros. Especificar:_____

2. Onde você comprou este livro?
_____

3. Você busca informações para adquirir livros:
☐ Jornais   ☐ Amigos
☐ Revistas   ☐ Internet
☐ Professores   ☐ Outros. Especificar:_____

4. Áreas de interesse:
☐ Educação   ☐ Administração, RH
☐ Psicologia   ☐ Comunicação
☐ Corpo, Movimento, Saúde   ☐ Literatura, Poesia, Ensaios
☐ Comportamento   ☐ Viagens, Hobby, Lazer
☐ PNL (Programação Neurolingüística)

5. Nestas áreas, alguma sugestão para novos títulos?
_____

6. Gostaria de receber o catálogo da editora? ☐ Sim ☐ Não

7. Gostaria de receber o Informativo Summus? ☐ Sim ☐ Não

Indique um amigo que gostaria de receber a nossa mala-direta

Nome:_____ Empresa:_____

Endereço: ☐ Res. ☐ Coml. _____ Bairro:_____

CEP: _____-_____ Cidade: _____ Estado: _____ Tel.: ( ) _____

Fax: ( ) _____ E-mail: _____ Data de nascimento: _____

Profissão:_____ Professor? ☐ Sim ☐ Não Disciplina: _____

summus editorial
Rua Cardoso de Almeida, 1287 05013-001 São Paulo - SP Brasil Tel (011) 3872 3322 Fax (011) 3872 7476
Internet: http://www.summus.com.br   e-mail: summus@summus.com.br